※이 경전은 천축국天竺國의 삼장三藏 강승개康僧鎧가 258년에 한역漢譯한 『무량수경無量壽經』 2권을 저본으로 삼아, 불교신행연구원 김현준 원장이 한글로 번역하였습니다.

※표지 디자인 : 편집부

무 량 수 경

김현준 역

효림

차 례

무량수경을 읽는 분들께

아미타불阿彌陀佛의 '아미타'를 범어로 표기하게 되면 아미타유스 Amitayus·아미타바Amitabha의 두 가지로 쓰여집니다. 이중 아미타유스는 무량한 수명을 뜻하는 '무량수無量壽'로 번역되고, 아미타바는 무량한 빛을 뜻하는 '무량광無量光'으로 번역됩니다. 이 둘 중에서 중국 사람들이 특히 좋아하는 불로장생사상에 맞는 '무량수'를 택하여 이 경의 제목을 『무량수경』으로 정하였습니다.

『관무량수경』·『아미타경』과 함께 정토삼부경을 이루고 있는 무량수경은 우리나라 정토신앙의 근본 경전이요, 세 경전 중 아미타불과 극락에 대해 가장 상세하게 묘사되어 있다고 하여 『대무량수경』 또는 『대경大經』이라 치아고 있습니다.

"이와 같이 나는 들었다."로 시작하고 있는 이 경은 석가모니불께서 아미타불과 극락정토를 주제로 삼아 설법한 것을 기록하는 형식을 취하고 있습니다. 상하 2권으로 구성되어 있는데, 우리나라에서는 원효·경흥·현일 등의 고승들이 이 경을 매우 활발히 연구하여 많은 주석서를 남겼으며, 고려 이후에는 연구보다 신앙적인 측면을 수용하고 실천하면서 원전을 발간유포하는데 주력하였습니다.

이 경은 일반적인 경전들의 체제에 따라 서분·정종분·유통분의 세 부분으로 나뉘어져 있으며, 본론에 해당하는 정종분은 편의상 다섯 부분으로 단락을 지었습니다.

제1장에서는 극락세계의 성립 배경과 아미타불께서 출현하게 된 인연을 밝히고 있습니다. 아주 아득한 옛날인 세자재왕여래께서 계시

던 시절에 법장비구法藏比丘가 있었습니다. 그는 부처님들과 같은 깨달음을 얻고 한없이 즐겁고 깨끗한 낙유정토樂有淨土를 성취하여 일체의 중생을 불도로 인도할 것을 결심하고, 그 성취의 방법을 세자재왕여래께 여쭈어 가르침을 받았습니다.

그리고 5겁의 오랜 세월 동안 깊이 숙고하여 사십팔대원四十八大願을 세웠고, 그 뒤 정성껏 공덕을 쌓아 48대원을 완성시킴으로써 아미타불이 되었으며, 극락세계가 생겨나게 됩니다. 그것이 지금부터 10겁 전의 일로, 현재 아미타불은 극락세계에 머물면서 진리를 설하고 계심을 서술하고 있습니다.

제2장에서는 아미타불과 극락정토의 장엄에 대해 설하고 있습니다. 이 극락세계에 있는 보수寶樹·음악·강당·연못 등의 훌륭한 모습들과 그 곳에 살고 있는 보살들의 뛰어난 공덕을 묘사하고 있습니다. 극락의 집이나 나무들은 칠보로 되어 있고, 바닥에 금모래가 깔려있는 연못에는 그윽한 향기를 풍기며 여러 가지 색을 지닌 수련 등의 꽃이 아름답게 피어있으며 모든 부처의 화신인 온갖 새들이 맑은 소리로 노래를 합니다.

이러한 극락세계에 사는 이들은 아미타불과 동등한 깨달음을 얻을 수 있고, 청정한 마음과 죽음이 없는 영원한 생명력으로 항상 선행을 닦으며, 마음대로 무엇이든지 얻을 수 있고 행동할 수 있습니다. 더없이 즐겁고 행복이 넘쳐 있는 이들에게는 마음과 몸의 고통이 전혀 없기 때문에, 이 세계를 즐거움과 행복만이 있는 극락세계로 불리운다고 설합니다.

제3장에서는 극락정토왕생의 인연과 결과를 설합니다. 경전에서는 극락에 갈 수 있는 이는 보살행을 닦는 이와 아미타불을 믿고 귀의하는 이라고 설명하면서, "이 세계에 도달하는 데는 믿음이 근본이

된다."고 설합니다. 그리고 염불 등 여러 가지 선업을 실천하면 극락에 왕생하여 위없는 깨달음에 도달할 수 있고, 그들이 임종할 때 아미타불이 나타나서 영접한다는 것을 밝히고 있습니다.

제4장에서는 이 세간의 악행과 괴로움에 대해 밝히고 있습니다. 앞의 장에서 극락왕생의 바탕을 믿음과 염불에 두었지만, 부처님과 불법을 존중하고 불법을 닦으면서 살생과 도둑질 등의 다섯 가지 죄악을 범해서는 안된다고 하여, 신앙생활의 규범을 보여주고 있습니다.

제5장에서는 극락왕생에 대한 믿음을 심어주기 위해 아미타불께서 아난존자 앞에 직접 모습을 나타내고 있습니다. 그리고 극락에 태어나는 이들 중에는 태생과 화생이 있음을 밝히고, 다른 불국토에 있는 보살들이 극락에 왕생하는 방법에 대해서도 설하고 있습니다.

극락과 아미타불에 대해 가장 상세하게 묘사한 경전으로, 오늘날에도 무량수경은 수없이 많은 이들이 독송하고 있습니다. 아미타경이 신심을 북돋우는 수준이라면, 이 무량수경은 신심의 깊이를 더하고 실천행을 일깨워주는, 한 단계 높은 경전이라 해야 할 것입니다.

부디 인연 있는 분들이 이 무량수경을 잘 읽고 잘 새겨서, 아미타 부처님의 대원大願과 무량한 빛[無量光] 무량한 수명[無量壽] 속에서 극락정토에 왕생하여, 위없는 깨달음을 이루고 지극히 행복한 삶을 누리시기를 축원드립니다.

2021년 12월 1일
경주 남산 기슭에서
김현준 합장

아미타부처님은 어느 곳에 계시는가
마음속에 간직하여 절대로 잊지 말라
생각하고 생각하여 생각 없는 곳 이르면
눈 귀 등의 육문에 자금색 빛 발하리라

아 미 타 불 재 하 방
阿彌陀佛在何方
착 득 심 두 절 막 망
着得心頭切莫忘
염 도 염 궁 무 념 처
念到念窮無念處
육 문 상 방 자 금 광
六門常放紫金光

다음과 같은 원의 성취를 바랄 때 무량수경을 독송하고 아미타불 염불을 하면 좋습니다.
- 부모 및 친척 영가의 극락왕생을 기원할 때
- 내생에 자신이 극락정토에 태어나고자 할 때
- 아미타불의 무량한 빛이 충만하기를 원할 때
- 집안의 평온하고 복되고 안정된 삶을 원할 때
- 입시 등 각종 시험의 합격을 원할 때
- 구하는 바를 뜻대로 이루고자 할 때
- 각종 병환·재난·시비·구설수 등을 소멸시키고자 할 때
- 업장을 소멸시키고자 할 때
- 악몽·공포 등을 멀리 떠나고자 할 때
- 귀신의 장애를 물리치고자 할 때
- 영원히 평화롭고 행복하기를 원할 때
- 풍부한 자비심을 갖추고 마침내 성불하기를 원할 때

무량수경 독송 발원문

....

....

....

....

....

....

....

....

....

....

南無阿彌陀佛 南無無量壽佛 南無無量光佛
나무아미타불 나무무량수불 나무무량광불

개경계	開經偈
가장높고 심히깊은 부처님법문	무상심심미묘법 無上甚深微妙法
백천만겁 지나간들 어찌만나리	백천만겁난조우 百千萬劫難遭遇
저희이제 보고듣고 받아지녀서	아금문견득수지 我今聞見得受持
부처님의 진실한뜻 깨치오리다	원해여래진실의 願解如來眞實意

開法藏眞言
개법장진언 옴 아라남 아라다 (3번)
南無佛說無量壽經
나무불설무량수경 (3번)

서분 序分

법회에 참석한 제자와 대승보살들

이와 같이 나는 들었다.

어느때 부처님께서는 왕사성王舍城의 기사굴산耆闍崛山(영축산)에서 대비구 1만 2천 명과 함께 계시었다.

그들 대비구는 모두가 신통과 지혜를 통달한 성인이었으며, 이름은 요본제존자了本際尊者·정원존자正願尊者·정어존자正語尊者·대호존자大號尊者·인현존자仁賢尊者·이구존자離垢尊者·명문존자名聞尊者·선실존자善實尊者·구족존자具足尊者·우왕존자牛王尊者·우루빈라가섭존자優樓頻螺迦葉尊者·가야가섭존자伽耶迦葉尊者·나제가섭존자那提迦葉尊者·마하가섭존자摩訶迦葉尊者·사리불존자舍利弗尊者·대목건련존자大目揵連尊者·겁빈나존자劫賓那尊者·대주존자大住尊者·대정지존자大淨志尊者·마하주나존자摩訶周那尊者·만원자존자滿願子尊者·이장존자離障尊者·유관존자流灌尊者·견복존

者 面王尊者 異乘尊者 仁性尊者 喜樂尊者
자·면왕존자·이승존자·인성존자·희락존자·
善來尊者 羅云尊者 阿難尊者
선래존자·라운존자·아난존자 등 모두가 한
무리의 우두머리로 있는 분들이었다.

　또 대승의 보살 대중이 함께 하였으니, 보현
菩薩 妙德菩薩 慈氏菩薩
보살·묘덕보살(문수 보살)·자씨보살(미륵 보살)을 비롯한 이
賢劫 賢護菩薩
현겁 중의 모든 보살과, 현호보살 등 열여섯
正士 善思議菩薩
명의 정사(보살을 달리 정사라고 함)가 함께 하였으니, 선사의보살·
信慧菩薩 空無菩薩 神通華菩薩 光英菩薩
신혜보살·공무보살·신통화보살·광영보살·
慧上菩薩 智幢菩薩 寂根菩薩 願慧菩薩 香
혜상보살·지당보살·적근보살·원혜보살·향
象菩薩 寶英菩薩 中住菩薩 制行菩薩 解脫
상보살·보영보살·중주보살·제행보살·해탈
菩薩
보살 등이었다.

　　　　　　　　　　　八相
보살의 부처님 되는 과정〔八相〕
　　　　　　普賢菩薩
　그들은 모두 보현보살의 덕을 좇아 보살들
　　　　　行　　願　　　　　　一切功德
의 무량한 행과 원을 갖추고, 일체공덕의 법에
머물면서 시방세계를 다니며 방편을 널리 베
　　　　　　　　　　　　法藏
푼다. 그리고 부처님의 법장에 들어가 완전한
彼岸
피안에 이르고 한없이 많은 세계에서 부처님과

같은 깨달음의 모습을 나타낸다.

마침내 부처가 되기 직전의 보살은 도솔천[兜率天]
에 있으면서 정법을 널리 편 다음, 천궁에서 내
려와 어머니의 태[胎]에 들어간다. 그리고 오른쪽
옆구리로 탄생하자마자 사방으로 일곱 걸음
씩 걸으면, 찬란한 광명이 시방의 불국토를 두
루 비추고 천지가 여섯 가지로 진동을 한다[六
種震動].

그때 스스로 소리를 높여, '내 마땅히 이 세
상에서 가장 존귀한 스승이 되리라[吾當於世爲無
上尊]' 하고 외치면, 제석천[帝釋天]과 범천[梵天]이 받들어 모
시고, 천인들이 귀의하여 우러러 받든다.

자라면서 수리[數理](산수)와 문예[文藝]·활쏘기·말타기 등
과 도술[道術]을 익히고 학문에 통달하며, 후원을 노
닐면서 무예를 수련하고, 궁중에 머물면서 세
속의 온갖 즐거움을 누린다.

그러다가 어느 날, 늙고 병들고 죽는 것을

보고 세간의 무상함을 깨닫고는, 나라와 재물과 왕의 자리를 포기하고 입산하여 도를 배우기로 작정을 한다.

그리하여 백마를 타고 왕궁을 벗어난 다음, 하인에게 타고 온 백마와 보관과 영락 등을 돌려보내고는, 화려한 옷 대신 법복으로 갈아 입고 머리와 수염을 깎는다. 그리고 보리수 아래 단정히 앉아서 6년 동안 부지런히 고행을 한다.

그 다음에는 오탁(① 시대가 탁하고 ② 견해가 탁하고 ③ 번뇌가 탁하고 ④ 중생이 탁하고 ⑤ 생명이 탁함)의 세계에 태어나 세상 인연을 따르면서 생겨난 번뇌의 먼지들을 황금빛 물로 목욕을 하고, 천인이 드리운 나뭇가지를 잡고 물에서 나온다.

그때 신령스런 새들이 도량으로 찾아들고 길상 동자가 성불의 상서로움을 의미하는 길상초를 바치면, 기꺼이 그 보시를 받아 보리수 아래에 깔고 결가부좌를 한다.

그리하여 크나큰 광명을 발하면 이를 알고 놀란 마왕(魔王)이 권속을 이끌고 와서 핍박하고 시험을 한다. 그러나 지혜의 힘으로 다스려 그들 모두를 항복시키고, 마침내 미묘한 법을 얻어 위없는 깨달음을 이룬다. 그때 제석천과 범천이 법륜(法輪)을 굴리기를 간절히 요청한다.

이에 이 부처님은 자재(自在)하게 노닐면서 사자(獅子)후를 하신다. 법의 북을 울리고[扣法鼓] 법의 나팔을 불고[吹法螺] 법의 칼을 쥐고[執法劍] 법의 깃발을 세우고[建法幢] 법의 우레를 울리고[震法雷] 법의 번개를 번득이고[曜法電] 법의 비를 뿌리고[澍法雨] 법의 보시를 베푸는 등[演法施], 항상 법음으로써 모든 세계를 깨우치신다.

그 광명이 무량한 불국토를 두루 비추면 일체의 세계가 여섯 가지로 진동을 하고, 마(魔)의 세계에까지 진동이 미쳐 마왕의 궁전을 흔들면, 마군들이 겁내고 두려워하면서 귀의하지 않을 수 없게 된다.

또한 삿된 법의 그물을 찢어버리고[擴裂邪網]

모든 잘못된 견해를 소멸시키고[消滅諸見]

번뇌의 더러운 먼지를 털어 버리고[散諸塵勞]

탐욕의 구덩이를 허물어 버린다[壞諸欲塹].

정법의 성을 엄격히 지키고[嚴護法城]

널리 불법을 빛내고[開闡法門]

번뇌의 더러움을 씻고[洗濯垢汚]

청정하고 순수함을 드러내고[顯明淸白]

불법의 광명을 밝게 나투고[光融佛法]

바른 교화를 널리 펴신다[宣流正化].

그리고 여러 나라를 다니며 갖가지 풍성한 공양을 받아들여, 공양을 바치는 이로 하여금 공덕을 짓고 복전[福田]이 되도록 하며, 법을 베풀고자 할 때는 인자한 미소를 지으며 다양한 법의 약[法藥]으로 삼고[三苦][苦苦·壞苦·行苦]에서 구제를 해주신다.

나아가 무량한 공덕의 대자비심으로 보살들에게 장차 부처가 될 것임을 수기[授記]하여 등정각[等正覺]

을 성취하게 인도하신다.

그런 다음 멸도滅道(열반)에 드시는 것을 보여준다. 그러나 그 다음에도 중생들을 구제함은 끝이 없어서, 중생들의 번뇌[漏]를 소멸시키고 선근을 심고 온갖 공덕을 갖추게 하는 것은 미묘하여 헤아리기가 어렵다.

이와 같이 여러 불국토를 다니면서 널리 도를 펴고 가르치지만, 그 행하는 바가 청정하여 조금도 막히거나 걸림이 없다.

마치 갖가지 형상을 만들어내는 능란한 환술사幻師가 때로는 남자의 모습을, 때로는 여자의 모습을 자재로이 바꾸어 나타내는 것과도 같다.

보살에 대한 찬탄

이 자리에 모인 보살들 또한 그러하였으니, 모든 법을 배우고 닦고 통달하여 어디에서나 항상 마음이 평온하며, 무수한 불국토에 몸을 나타내어 교만이나 방자함 없이 중생들을 가엾이 여기며 교화를 한다.

이러한 법을 모두 갖춘 보살들은 대승경전의 묘법을 밝혀 이름을 시방(十方)에 널리 떨치기 때문에 한량없는 부처님들께서도 그들을 기억하고 보호(護念)하신다.

이 보살들은 부처님께서 갖춘 것들을 갖추고, 부처님께서 행한 것을 행하면서, 부처님의 가르침을 널리 선양하여 보살들의 큰 스승이 된다.

또한 깊은 선정과 지혜로 중생들을 교화하고 깨달음을 열어주며, 법의 본성(法性)과 중생들의 사정과 모든 국토의 형세들을 분명하게 잘 알고 있다.

그리고 부처님들께 공양을 올릴 때는 그 몸을 번개와 같이 나타낼 뿐아니라, 능히 두려움 없는 지혜를 배워서 이 세상의 모든 것이 인연에 의해 생겨나는 환상과 같은 것임을 깨달아, 마구니의 그물을 찢어 없애고 번뇌의 속박에서 벗어나며, 성문과 연각의 경지를 넘어선 대승의 공삼매(空三昧)·무상삼매(無相三昧)·무원삼매(無願三昧)를 성취한다.

또한 중생들을 제도하기 위해 방편으로 성문·연각·보살의 삼승(三乘)의 모습을 나타내기도 하고, 성문과 연각을 위해 일부러 멸도(滅道)(열반)의 모습을 보이기도 한다.

그러나 이들 보살은 본래 지은 바도 얻은 바도 없고 일어나지도 멸하지도 않는 평등법(平等法)을 얻었으며, 한량없는 다라니(陀羅尼)와 백천 가지 삼매(三昧)와 중생의 근기를 살피는 지혜를 다 갖추고 있다.

그리고 법계를 두루 관찰하는 선정으로 보살의 깊은 법에 들어가서, 부처님의 화엄삼매(華嚴三昧)를 얻어 일체의 경전을 선양하고 연설하며, 이 깊은 선정 속에서 일념 사이에 현재의 무량한 부처님들을 모두 친견한다.

삼악도에서 고통을 겪는 중생들, 수행할 틈이 있는 이들과 수행할 틈이 없는 이들을 근기에 따라 진실한 도리를 잘 알 수 있게 가르치며, 부처님의 능한 언변인 변재^{辯才}와 지혜^{智慧}를 통달하여 일체 중생을 교화한다.

　또한 세간의 일체 번뇌를 초월하여 해탈법에 안주하고 일체 물질에 자유자재하며, 일체 중생을 위해 청하지 않아도 벗이 되어 중생의 무거운 짐을 나누어서 짊어진다.

　보살은 부처님의 깊고 심오한 법을 받아 지녀서, 중생이 품고 있는 불종성^{佛種性}(부처가 될 종자)을 보호하여 항상 끊어지지 않게 하고 불법을 굳게 지킨다. 또 대비심을 일으켜서 중생을 불쌍히 여기고, 자애로운 언변으로 법의 눈_[法眼]을 뜨게 하며, 삼악도^{三惡道}(지옥·아귀·축생의 세계)를 막고 삼선도^{三善道}(천신·인간·아수라의 세계)의 문을 열게 한다.

　그리고 청하지 않아도 스스로 중생들을 찾아가서 불법을 베푸는 것이 지극한 효자가 부모를 사랑하고 공경하는 것과 같다.

그들은 중생을 자기(自己)처럼 여기며 모든 선근을 심어 모두를 피안(彼岸)에 이르게 하면서, 스스로 부처님들의 무량한 공덕과 거룩하고 밝은 지혜를 갖추니, 그 불가사의함은 가히 헤아릴 수가 없다.

이와 같이 지혜와 복덕을 원만하게 갖춘 수많은 보살들이 일시에 와서 모인 것이다.

설법의 인연

그때 부처님의 온몸에서는 기쁨이 넘쳐났으며, 안색은 청정하고 거룩하고 엄숙하였다.

존자 아난(阿難)은 부처님의 거룩하신 뜻을 짐작하고 자리에서 일어나, 오른쪽 어깨를 드러내고 무릎을 꿇어 합장 공경하며 부처님께 아뢰었다.

"오늘 세존의 온몸에서는 기쁨이 넘치고 안

색은 청정하고 거룩하고 엄숙하십니다. 이는 마치 밝고 깨끗한 거울에 모든 것이 환하게 비치는 것과 같나이다. 일찍이 저는 지금과 같이 위엄이 넘치고 빛나고 수승하고 신묘한 모습을 뵌 적이 없었나이다.

대성(大聖)이시여, 저의 생각은 이러합니다. 오늘 세존(世尊)께서는 기이하고 특별한 법에 머무시고, 세웅(世雄)께서는 부처님의 경계에 머무시고, 세안(世眼)께서는 대도사(大導師)의 행(行)에 머무시고, 세영(世英)께서는 가장 수승한 도에 머무시고, 천존(天尊)께서는 여래의 덕을 행하고 계시옵니다.(세존·세웅·세안·세영·천존은 부처님에 대한 별칭임)

과거 현재 미래의 부처님들은 서로 통한다고 하던데, 지금 부처님께서도 다른 부처님들을 생각하고 계신 것이 아니신지요? 왜냐하면 위엄 있고 신비한 광명이 넘쳐나고 있기 때문이옵니다."

이에 세존께서 아난에게 이르셨다.

"어찌 된 일이냐? 아난아, 천신들이 너에게 와서 부처님께 여쭈어 보라고 가르치더냐? 아니면 위엄을 갖춘 얼굴을 보고 네 스스로의 지혜로 질문을 하는 것이냐?"

아난이 부처님께 아뢰었다.

"천신들이 와서 가르쳐 준 것이 아닙니다. 제 소견으로 여쭈었나이다."

부처님께서 아난에게 이르셨다.

"훌륭하다, 아난아. 참으로 좋은 질문이다. 네가 깊은 지혜와 참되고 묘한 말솜씨로 중생을 위해 지혜로운 질문을 하는구나.

여래는 다함이 없는 대비심으로 삼계(三界)의 중생을 불쌍히 여기나니, 세상에 출현하여 가르침을 널리 펴는 것은 중생을 건지고 진실한 이익을 베풀기 위함이니라. 한량없는 세월이 지나도 부처님은 친견하기 어렵나니, 마치 우담발라화(靈瑞華)가 피는 것을 만나기 어려운 것과 같으니라.

이제 너의 물음으로 인해 천신과 인간들이 큰 이익을 얻을 것이다.

　아난아, 마땅히 알아라. 여래의 바른 깨달음의 지혜는 헤아리기 어렵고, 중생을 제도함도 끝이 없느니라. 또한 지혜로운 식견은 걸림이 없어서 결코 끊거나 막을 수가 없나니, 한 끼의 밥으로도 능히 억천 겁 이상의 수명을 누릴 수 있느니라.

　그리고 온몸에 넘치는 기쁨은 흩어지지 않으며, 거룩하고 빛나는 얼굴은 달라지지 않느니라.

　그 까닭이 무엇인가? 여래의 선정과 지혜가 지극하여 다함이 없고, 일체법(一切法)에 자유자재한 힘을 얻었기 때문이니라.

　아난아, 잘 들어라. 이제 너를 위하여 말하리라.”

　“세존이시여, 즐거운 마음으로 듣겠나이다.”

정종분正宗分

제1장 법장비구의 발원과 수행

법장비구의 발심

부처님께서 아난에게 이르셨다.

"과거 헤아릴 수 없는 먼 옛날에 정광여래錠光如來께서 세상에 출현하시어 한량없는 중생을 교화하고 제도하여 도道를 얻게 하신 후에 열반에 드셨느니라.

그리고 그 뒤를 이어 여러 부처님이 계셨으니, 차례로 이어진 그 명호는 광원불光遠佛·월광불月光佛·전단향불栴檀香佛·선산왕불善山王佛·수미천관불須彌天冠佛·수미등요불須彌等曜佛·

월색불·정념불·이구불·무착불·용천불·야광불·안명정불·부동지불·유리묘화불·유리금색불·금장불·염광불·염근불·지동불·월상불·일음불·해탈화불·장엄광명불·해각신통불·수광불·대향불·이진구불·사염의불·보염불·묘정불·용립불·공덕지혜불·폐일월광불·일월유리광불·무상유리광불·최상수불·보리화불·월명불·일광불·화색왕불·수월광불·제치명불·도개행불·정신불·선숙불·위신불·법혜불·난음불·사자음불·용음불·처세불 등이었느니라.

그리고 다음으로 출현한 부처님이 세자재왕여래·응공·등정각·명행족·선서·세간해·무상사·조어장부·천인사·불세존이니라.

당시에 한 국왕이 세자재왕불의 설법을 듣고 기쁨을 주체할 수가 없어 위없는 도를 구하겠다는 마음을 깊이 발하였느니라. 그리하여 나라와 왕위를 버리고 출가하여 사문이 되었으니, 그의 이름은 법장(法藏)이요 재주와 용맹이 세상에서 크게 뛰어났느니라.

그는 세자재왕여래의 처소로 나아가, 부처님의 발에 이마를 대어 예배하고 부처님 주위를 오른쪽으로 세 번 돈 다음, 무릎 꿇고 합장하여 게송으로 부처님을 찬탄하였느니라."

빛나는	그 얼굴	당당하시고	光顏巍巍 (광안외외)
위엄과	신통이	그지없으니	威神無極 (위신무극)
이처럼	환하고	밝은 광명을	如是燄明 (여시염명)
이 세상	누구와	비교하리까	無與等者 (무여등자)

하늘의	일월과	마니보주의	日月摩尼 (일월마니)
광명이	아무리	찬란하여도	珠光燄耀 (주광염요)
여래의	광명과	함께 있으면	皆悉隱蔽 (개실은폐)
참참한	칠흑과	같으오이다	猶如聚墨 (유여취묵)

부처님　　모습은　　거룩하시어　　여래용안
如來容顏

세상의　　모든 것　　뛰어넘었고　　초세무륜
超世無倫

깨달음　　이루신　　크나큰 음성　　정각대음
正覺大音

시방에　　가득히　　울려퍼지네　　향류시방
響流十方

청정한　　계율과　　다문과 정진　　계문정진
戒聞精進

그윽한　　삼매와　　밝은 지혜　　삼매지혜
三昧智慧

거룩한　　위덕은　　짝할 이 없이　　위덕무려
威德無侶

유난히　　드물고　　뛰어납니다　　수승희유
殊勝希有

지세히　　살피고　　잘 생각하여　　심체선념
深諦善念

제불의　　한없는　　법의 바다를　　제불법해
諸佛法海

끝까지　　밝히고　　끝까지 뚫어　　궁심진오
窮深盡奧

그 깊은　　속뜻을　　모두 밝히고　　구기애저
究其崖底

무명과　　탐욕과　　분노의 마음　　무명욕노
無明欲怒

세존은　　영원히　　여의셨으니　　세존영무
世尊永無

사자와　　같으신　　위대한 이의　　인웅사자
人雄師子

신묘한　　공덕은　　한량없도다　　신 덕 무 량
神德無量

넓고도　　크나큰　　공덕과 함께　　공 훈 광 대
功勳廣大

깊고도　　오묘한　　지혜 갖추니　　지 혜 심 묘
智慧深妙

광명과　　위엄이　　가득한 모습　　광 명 위 상
光明威相

온 세상　　전체를　　감동시키네　　진 동 대 천
震動大千

원컨대　　저 또한　　부처님 되어　　원 아 작 불
願我作佛

거룩한　　공덕의　　대법왕처럼　　제 성 법 왕
齊聖法王

생사의　　바다를　　완전히 건너　　과 도 생 사
過度生死

번뇌를　　모두 다　　벗어리이다　　미 불 해 탈
靡不解脫

보시를　　베풀어　　마음 가꾸고　　보 시 조 의
布施調意

지계와　　인욕과　　정진을 하고　　계 인 정 진
戒忍精進

선정을　　통하여　　삼매 익히며　　여 시 삼 매
如是三昧

최상의　　지혜를　　익혀 가리다　　지 혜 위 상
智慧爲上

저 이제　　맹세코　　부처님 되면　　오 서 득 불
吾誓得佛

이러한 서원을 널리 행하여 　보 행 차 원
普行此願

두렵고 불안한 중생들에게 　일 체 공 구
一切恐懼

편안한 의지처 되겠나이다 　위 작 대 안
爲作大安

예컨데 이곳에 계신 부처님 　가 사 유 불
假使有佛

그 수가 백천만 억에 이르고 　백 천 억 만
百千億萬

크나큰 성인들 끝이 없어서 　무 량 대 성
無量大聖

항하의 모래알 수와 같을 때 　수 여 항 사
數如恒沙

이 많은 부처와 성인 모두를 　공 양 일 체
供養一切

받들어 섬기고 공양하여도 　사 등 제 불
斯等諸佛

大道
대도를 굳건히 닦아서 얻은 　불 여 구 도
不如求道

不退轉
불퇴전 지위에 못 미친다네 　견 정 불 각
堅正不卻

항하의 모래알 수효와 같이 　비 여 항 사
譬如恒沙

제불의 세계는 많고 많나니 　제 불 세 계
諸佛世界

어떻게 추측해 볼 수가 없고 　부 불 가 계
復不可計

그 국토 도저히 셀 수 없는데 　무 수 찰 토
無數刹土

부처님	광명은	모든 국토에	光明悉照
언제나	비치어	두루하나니	遍此諸國
이러한	정진과	뛰어난 힘을	如是精進
그 어떤	재주로	헤아려 보리	威神難量
만약에	저 또한	부처님되면	令我作佛
불국토	장엄은	으뜸이 되고	國土第一
그곳의	중생은	다 훌륭하며	其衆奇妙
도량은	참으로	수승하오리	道場超絶
그 곳은	열반의	세계와 같은	國如泥洹
세상에	짝할 곳	결코 없나니	而無等雙
마땅히	중생을	불쌍히 여겨	我當哀愍
그들을	제도해	해탈케 하리	度脫一切
그곳에	오려는	시방 중생들	十方來生
마음이	즐겁고	청정해지며	心悅淸淨
마침내	그 나라	이르게 되면	已到我國

한없이	즐겁고	안온케 되리	쾌 락 안 은 快樂安隱
원컨대	부처님	굽어 살피사	행 불 신 명 幸佛信明
진실한	저의 뜻	증명하소서	시 아 진 증 是我眞證
불국토	이루는	원들을 세워	발 원 어 피 發願於彼
있는 힘	다하여	정진하리다	역 정 소 욕 力精所欲
시방에	계시는	부처님들의	시 방 세 존 十方世尊
밝으신	그 지혜	걸림 없으니	지 혜 무 애 智慧無礙
부처님	언제나	저의 마음과	상 령 차 존 常令此尊
수행과	원력을	살펴주소서	지 아 심 행 知我心行
만약에	이 몸이	어쩌하다가	가 령 신 지 假令身止
갖가지	고난에	빠진다 해도	제 고 독 중 諸苦毒中
쉼없이	굳건히	정진을 하여	아 행 정 진 我行精進
마침내	후회됨	없게 하리다	인 종 불 회 忍終不悔

부처님께서 아난에게 이르셨다.

"법장비구는 이 게송을 읊은 다음 부처님께 여쭈었느니라.

'세존이시여, 저는 위없는 바른 깨달음(無上正覺)을 얻고자 발원하였나이다.

원하옵건대 부처님이시여, 저를 위해 경법(經法)을 말씀하여 주옵소서. 저는 마땅히 가르침대로 수행하여 불국토를 이룩하되, 한량없이 청정하고 훌륭한 국토를 만들겠나이다. 저로 하여금 금생에 빨리 정각을 이루어 생사의 괴로움을 뿌리 뽑을 수 있도록 하여 주옵소서.'"

부처님께서 아난에게 이르셨다.
"그때에 세자재왕불(世自在王佛)께서 법장비구에게 말씀하셨느니라.

'네가 수행하고자 하는 바와 불국토를 장엄하는 방법은 스스로 잘 알고 있지 않으냐?'

법장비구가 부처님께 아뢰었느니라.

'그 내용은 너무나 크고 깊어 제가 알 수 있

는 경계가 아니옵니다. 원하옵건대 세존이시여, 저를 위해 부처님들께서 정토를 이룩한 수행법을 자세히 말씀하여 주옵소서. 저는 부처님께서 말씀하신 대로 수행하여 소원을 원만하게 성취하겠나이다.'

　그때 세자재왕불은 법장비구의 뜻이 높고 밝으며, 서원이 심오하고도 광대하다는 것을 아시고 법장비구를 위해 법을 설하셨느니라.

　'비유컨대 비록 큰 바다의 물이라도, 억 겁의 오랜 세월 동안 퍼내면 마침내 바닥이 드러나고 그 안의 진귀한 보배를 얻을 수 있는 것과 같이, 사람이 지극한 마음으로 정진하여 도를 구하면 원하는 결과를 얻을 수 있게 되나니, 어떠한 소원인들 이루지 못할 것 있겠느냐?'

　세자재왕불께서는 법장비구를 위해 210억의 불국토들과 그곳에 살고 있는 천신과 인간의 선악, 그 불국토의 거칠고 미묘한 점 등을 자세히 일러주셨으며, 법장비구의 소원대로 이를 낱낱이 보여 주셨느니라.

법장비구는 부처님께서 말씀하신 장엄하고 청정한 불국토들을 모두 보고나서, 더없이 수승하고 뛰어난 원을 세웠느니라.

그때 그의 마음은 맑고 고요하고 집착이 전혀 없었으니, 세간의 어느 누구도 그를 넘어서지 못하였느니라. 그리하여 5겁의 오랜 세월 동안 선정에 들어, 불국토를 장엄하기 위한 청정한 수행법에 온 마음을 기울였느니라."

사십팔대원四十八大願

아난이 부처님께 여쭈었다.
"세자재왕불의 수명은 얼마나 됩니까?"
부처님께서 이르셨다.
"그 부처님의 수명은 42겁이니라."

그때 법장비구는 210억이나 되는 부처님들의 미묘한 불국토를 이룩하게 된 청정한 수행법을 섭취하여 닦은 다음, 또 다시 세자재왕불의 처소로 나아가 부처님의 발에 이마를 대어 예배하고, 부처님 주위를 세 번 돈 다음 합장을 하고 여쭈었느니라.

'세존이시여, 저는 이미 불국토를 장엄할 청정한 수행을 모두 닦아 익혔나이다.'

세자재왕불께서 법장비구에게 이르셨느니라.

'너는 이제 대중들에게 너의 서원과 수행을 널리 알려서 보리심을 일으키고 기쁘게 할 때가 되었느니라. 보살들이 이를 듣게 되면 이 법을 따라 수행하여 한량없는 대원(大願)을 성취하게 될 것이다.'

이에 법장비구가 부처님께 아뢰었느니라.

'세존이시여, 들어주옵소서. 제가 세운 원(願)을 자세히 말씀드리겠나이다.

① 제가 부처가 될 때 제 불국토에 지옥·아귀·

축생의 삼악도(三惡道)가 있다면, 저는 부처가 되지 않겠나이다.

②제가 부처가 될 때 제 불국토에 사는 중생들 중에, 목숨을 다한 뒤 다시 삼악도에 떨어지는 이가 있다면, 저는 부처가 되지 않겠나이다.

③제가 부처가 될 때 제 불국토에 사는 중생들 중에, 금빛이 나지 않는 이가 있다면, 저는 부처가 되지 않겠나이다.

④제가 부처가 될 때 제 불국토에 사는 중생들 중에, 형체와 빛깔이 같지 않아서 잘남과 못남의 차이가 있다면, 저는 부처가 되지 않겠나이다.

⑤제가 부처가 될 때 제 불국토에 사는 중생

들 중에, 숙명통(宿命通)(지난 세상을 아는 신통력)을 얻지 못하여 백천억 나유타 겁의 옛 일을 알지 못하는 이가 있다면, 저는 부처가 되지 않겠나이다.

⑥제가 부처가 될 때 제 불국토에 사는 중생들 중에, 천안통(天眼通)(가깝고 먼 곳을 모두 보는 신통력)을 얻지 못하여 백천억 나유타 불국토들을 보지 못하는 이가 있다면, 저는 부처가 되지 않겠나이다.

⑦제가 부처가 될 때 제 불국토에 사는 중생들 중에, 천이통(天耳通)(세상의 소리를 모두 듣는 신통력)을 얻지 못하여 백천억 나유타 부처님들의 설법을 받아 지니지 못하는 이가 있다면, 저는 부처가 되지 않겠나이다.

⑧제가 부처가 될 때 제 불국토에 사는 중생들 중에, 타심통(他心通)(다른 이의 마음 속 생각을 아는 신통력)을 얻지 못하여 백천억 나유타 불국토에 있는 중생들의 마음

속 생각을 알지 못하는 이가 있다면, 저는 부처가 되지 않겠나이다.

⑨ 제가 부처가 될 때 제 불국토에 사는 중생들 중에, 신족통^{神足通}(생각하는 곳 어디에나 갈 수 있는 신통력)을 얻지 못하여 순식간에 백천억 나유타 불국토들을 지나가지 못하는 이가 있다면, 저는 부처가 되지 않겠나이다.

⑩ 제가 부처가 될 때 제 불국토에 사는 중생들 중에, 누진통^{漏盡通}(모든 번뇌를 끊어 지혜를 얻는 신통력)을 얻지 못하여 상념에 빠지고 스스로의 몸에 대해 집착하는 이가 있다면, 저는 부처가 되지 않겠나이다.

⑪ 제가 부처가 될 때 제 불국토에 사는 중생들 중에 장차 부처가 되는 정정취^{正定聚}(위없는 개달음을 얻는 것이 정해진 존재)에 머물지 못하여 열반^{涅槃}에 들지 못하는 이가 있다면, 저는 부처가 되지 않겠나이다.

⑫ 제가 부처가 될 때, 저의 광명에 한계가 있어 백천억 나유타 불국토를 모두 비추지 못하면, 저는 부처가 되지 않겠나이다.

⑬ 제가 부처가 될 때, 저의 수명에 한계가 있어 백천억 나유타 겁 동안만 살 수 있다면, 저는 부처가 되지 않겠나이다.

⑭ 제가 부처가 될 때, 저의 불국토 가운데 성문들 수효가 한량이 있어서, 삼천대천세계의 성문과 연각들이 백천 겁 동안 세어 그 수를 알 수 있다면, 저는 부처가 되지 않겠나이다.

⑮ 제가 부처가 될 때, 중생제도의 서원을 세워서 수명의 길고 짧음을 자유자재로 하는 이를 제외하고는, 제 불국토에 사는 중생들의 수명은 한량이 없으리이다. 만약 이와 같지

않다면, 저는 부처가 되지 않겠나이다.

⑯ 제가 부처가 될 때, 저의 불국토에 사는 중생이 좋지 않은 일이나 좋지 않은 호칭을 듣게 되면, 저는 부처가 되지 않겠나이다.

⑰ 제가 부처가 될 때, 시방의 한량없는 모든 부처님들께서 저의 이름을 칭찬하지 않는다면, 저는 부처가 되지 않겠나이다.

⑱ 제가 부처가 될 때, 시방의 중생들이 지극한 마음으로 믿고 즐거워하면서 저의 불국토에 태어나고자 십념^{十念}(나무아미타불을 지극한 마음으로 열 번 외움)을 하였음에도 태어나지 못한다면, 저는 부처가 되지 않겠나이다. 다만 오역죄^{五逆罪}(① 아버지를 죽임 ② 어머니를 죽임 ③ 아라한을 죽임 ④ 승단의 화합을 깨뜨림 ⑤ 부처의 몸에 상처를 입힘)를 범하고 정법을 비방한 이는 제외합니다.

⑲ 제가 부처가 될 때, 시방의 중생 중에 보리^{菩提}

심^心을 발하여 공덕들을 쌓고 지극한 마음으로 서원을 일으켜서 저의 국토에 태어나고자 하는 이의 임종시에 제가 대중들과 함께 가서 그 사람의 앞에 나타나지 못한다면, 저는 부처가 되지 않겠나이다.

⑳ 제가 부처가 될 때, 시방의 중생들이 저의 이름을 듣고 저의 불국토를 생각하며 많은 선근공덕을 심고 지극한 마음으로 회향하여 저의 불국토에 태어나고자 하는데도 그 목적을 이루지 못한다면, 저는 부처가 되지 않겠나이다.

㉑ 제가 부처가 될 때, 저의 불국토에 사는 중생들이 삼십이상^{三十二相}(부처님의 32가지 특징적인 모습)을 원만하게 맞추지 못한다면, 저는 부처가 되지 않겠나이다.

㉒ 제가 부처가 될 때, 다른 불국토의 보살들이

저의 불국토에 와서 태어나면 반드시 일생^{一 生}

보처(^{補 處} 이번 한 생만 지나면 다음 생에 부처가 될 수 있는 이)의 지위에 이르게 될 것입니다. 다만 그들의 소원에 따라 중생들을 위하여 큰 서원을 세우고 선근 공덕을 쌓아 일체중생을 제도하거나, 모든 불국토를 노닐며 보살의 행을 닦거나, 시방의 여러 부처님들을 공양하고 항하의 모래알처럼 한량없는 중생들을 교화하여 가장 바르고 참된 부처님의 도를 세우고자 하는 이는 제외합니다. 그 이외의 보살들은 차례대로 닦아 올라가는 경지들을 초월하여 곧바로 보현보살의 덕^德을 닦게 할 것입니다. 만약 그렇게 하지 못한다면, 저는 부처가 되지 않겠나이다.

㉓ 제가 부처가 될 때, 저의 불국토 보살들이 부처님의 위신력으로 여러 부처님들께 공양을 올리고자 할 때, 한 번 식사하는 사이에 한량없는 나유타 불국토에 이를 수가 없다

면, 저는 부처가 되지 않겠나이다.

㉔ 제가 부처가 될 때, 저의 불국토 보살들이 여러 부처님께 공덕을 쌓기 위해 공양을 올리고자 할 때 공양물을 뜻과 같이 갖추지 못하는 일이 있다면, 저는 부처가 되지 않겠나이다.

㉕ 제가 부처가 될 때, 저의 불국토 보살들이 일체지(一切智, 모든 것을 다 아는 지혜)를 얻어 법을 설할 수 없다면, 저는 부처가 되지 않겠나이다.

㉖ 제가 부처가 될 때, 저의 불국토 보살들이 금강역사 나라연(那羅延, 도량을 지키는 두 금강역사 중 한 분. 몸이 금강과 같이 굳세고 힘이 세다고 함)과 같은 몸을 얻지 못한다면, 저는 부처가 되지 않겠나이다.

㉗ 제가 부처가 될 때, 저의 불국토에 사는 중

생들과 일체 만물은 아주 맑고 찬란하게 빛나며, 모양의 빼어나고 훌륭함은 능히 헤아릴 수 없으리이다. 그런데 천안통을 얻은 이가 능히 그 이름과 수를 헤아릴 수 있다면, 저는 부처가 되지 않겠나이다.

㉘ 제가 부처가 될 때, 저의 불국토 보살들을 비롯하여 조그마한 공덕이 있는 이들까지도 그 도량의 나무가 한없이 빛나고 높이가 4백 유순(1유순은 40리 또는 30리에 해당한다고 함)이나 되는 것을 능히 알아보지 못한다면, 저는 부처가 되지 않겠나이다.

㉙ 제가 부처가 될 때, 저의 불국토의 보살들이 경전을 읽고 외우고 남에게 설법할 수 있는 변재(辯才)(언변)과 지혜를 얻지 못한다면, 저는 부처가 되지 않겠나이다.

㉚ 제가 부처가 될 때, 저의 불국토의 보살들이 지니는 지혜와 변재가 한량이 있다면, 저는 부처가 되지 않겠나이다.

㉛ 제가 부처가 될 때, 저의 불국토가 청정하여 시방의 셀 수 없이 많고 불가사의한 부처님의 세계를 빠짐 없이 모두 다 비추어 보는 것이 마치 맑은 거울로 얼굴을 비추어 보는 것과 같으리이다. 만약 그렇지 않다면, 저는 부처가 되지 않겠나이다.

㉜ 제가 부처가 될 때, 저의 불국토 안에 있는 땅이나 허공에 있는 궁전·누각·시냇물·연못·꽃·나무 등의 일체 만물이 헤아릴 수 없이 많은 보배와 백천 가지의 향으로 이루어지고, 그 장엄한 장식이 기묘하여 인간계나 천상계에서 가장 뛰어나며, 시방에 두루 펴진 그 향기를 맡는 보살은 모두 부처님의

행을 닦게 됩니다. 만약 그렇지 않다면, 저는
부처가 되지 않겠나이다.

㉝ 제가 부처가 될 때, 시방의 한량없고 불가사
의한 부처님 세계의 중생들이 저의 광명을
받게 되면 몸과 마음이 부드럽고 경쾌하여
져서 인간계와 천상계를 초월하게 됩니다.
만약 그렇지 않다면, 저는 부처가 되지 않겠
나이다.

㉞ 제가 부처가 될 때, 시방의 한량없고 불가사
의한 부처님 세계의 중생들이 저의 이름(名字^{명자})
을 듣고 보살의 무생법인(無生法忍) (나고 죽음이 없 는 진리를 체득함)과 깊이 있
는 다라니 (모든 진리를 담고 있는 말. 총지總持라고도 함)들을 얻지 못한다면, 저
는 부처가 되지 않겠나이다.

㉟ 제가 부처가 될 때, 시방의 한량없고 불가사
의한 부처님 세계의 여인들이 저의 이름을

듣고 환희하며 믿고 보리심(菩提心)을 일으키면서 여자의 몸을 싫어한 이가 목숨을 마친 뒤에 다시 여인이 된다면, 저는 부처가 되지 않겠나이다.

㊱ 제가 부처가 될 때, 시방의 한량없고 불가사의한 부처님 세계의 보살들이 저의 이름을 듣게 되면, 목숨을 마친 뒤에도 늘 청정하게 수행하고 범행(梵行)(청정한 행. 곧 계율)을 닦아 성불하게 되옵니다. 만약 그렇지 않다면, 저는 부처가 되지 않겠나이다.

㊲ 제가 부처가 될 때, 시방의 한량없고 불가사의한 부처님 세계의 중생들이 저의 이름을 듣고 오체투지(五體投地)(두 무릎 두 팔꿈치 이마의 다섯 곳을 땅에 대고 하는 절)하여 예배하고 환희심을 내어 믿고 좋아하면서 보살행을 닦을 때, 여러 천신과 인간들 중에 공경하지 않는 이가 없게 하겠나이다. 만약 그렇지 않

다면, 저는 부처가 되지 않겠나이다.

㊳ 제가 부처가 될 때, 저의 불국토에 사는 중생들이 의복을 얻고자 하면 생각하는 대로 바로 의복을 얻게 되는 것이, 마치 부처님께서 찬탄하는 법에 따라 미묘한 옷이 저절로 몸에 입혀지는 것과 같나이다. 만약 그 옷을 바느질하거나 물들이거나 빨래해야 한다면, 저는 부처가 되지 않겠나이다.

㊴ 제가 부처가 될 때, 저의 불국토에 사는 중생들이 느끼는 유쾌함과 즐거움이 번뇌가 없는 비구(漏盡比丘)들과 같지가 않다면, 저는 부처가 되지 않겠나이다.

㊵ 제가 부처가 될 때, 저의 불국토 보살들이 시방의 한량없는 청정 불국토를 보고자 하면, 보배 나무 숲에서 그 모두를 빠짐없이

보는 것이 마치 밝은 거울로 자신의 얼굴을 보는 것과 같게 하겠나이다. 만약 그렇지 않다면, 저는 부처가 되지 않겠나이다.

㊶ 제가 부처가 될 때, 다른 불국토에 있는 보살들이 저의 이름을 듣고 성불할 때까지 눈·코 등의 육근(六根)을 제대로 갖추지 못하게 된다면, 저는 부처가 되지 않겠나이다.

㊷ 제가 부처가 될 때, 다른 불국토에 있는 보살들이 저의 이름을 들으면 모두가 청정한 해탈삼매를 얻고, 그 삼매에 머물러서 한 생각 동안에 무량하고 불가사의한 부처님들을 모두 공양하고도 오히려 삼매를 잃지 않게 되옵니다. 만약 그렇지 않다면, 저는 부처가 되지 않겠나이다.

㊸ 제가 부처가 될 때, 다른 불국토에 있는 보

살들 중에 저의 이름을 들은 이는 수명이 다한 다음 존귀한 가문에 태어나게 되옵니다. 만약 그렇지 않다면, 저는 부처가 되지 않겠나이다.

㊹ 제가 부처가 될 때, 다른 불국토에 있는 보살들 중에 저의 이름을 들은 이는 뛸 듯이 기뻐하고, 보살행을 닦아 모든 공덕을 구족하게 됩니다. 만약 그렇지 않다면, 저는 부처가 되지 않겠나이다.

㊺ 제가 부처가 될 때, 다른 불국토에 있는 보살들 중에 저의 이름을 들은 이는 보등삼매_{普等三昧}(모든 부처님을 일시에 친견할 수 있는 삼매)를 얻게 되고, 이 삼매에 머물러 성불할 때까지 항상 무량하고 불가사의한 부처님을 친견할 수 있게 됩니다. 만약 그렇지 않다면, 저는 부처가 되지 않겠나이다.

㊻제가 부처가 될 때, 저의 불국토 보살들은 원하는 바에 따라 듣고자 하는 법문을 자연스럽게 들을 수 있게 됩니다. 만약 그렇지 않다면, 저는 부처가 되지 않겠나이다.

㊼제가 부처가 될 때, 다른 불국토에 있는 보살들이 저의 이름을 듣고도 바로 불퇴전의^{不退轉} 경지에 이르지 못한다면, 저는 부처가 되지 않겠나이다.

㊽제가 부처가 될 때, 다른 불국토에 있는 보살들이 저의 이름을 듣고도 음향인^{音響忍}(설법을 듣고 깨달음)·유순인^{柔順忍}(진리에 수순함)·무생법인^{無生法忍}(나고 죽음이 없다는 도리를 깨달음)을 성취하지 못하고, 불법들에 대해 불퇴전의 경지를 얻지 못한다면, 저는 부처가 되지 않겠나이다.'"

게송으로 거듭 서원함

부처님께서 아난에게 이르셨다.

"법장비구는 이와 같은 자신의 서원을 모두 아뢴 다음 게송으로 거듭 서원을 밝혔느니라."

이전에는	이 세상에	없었던 원들	아 건 초 세 원 我建超世願
틀림 없이	무상도(無上道)에	도달하여서	필 지 무 상 도 必至無上道
이 원 모두	원만하게	성취 못하면	사 원 불 만 족 斯願不滿足
결코 저는	성불하지	않겠나이다	서 불 성 등 각 誓不成等覺

한량없는	오랜 겁을	지내는 동안	아 어 무 량 겁 我於無量劫
제가 만약	대시주가	되지 못하여	불 위 대 시 주 不爲大施主
고통 받고	가난한 이	제도 못하면	보 제 제 빈 고 普濟諸貧苦
결코 저는	성불하지	않겠나이다	서 불 성 등 각 誓不成等覺

제가 만약	가장 높은	불도(佛道) 이루어	아 지 성 불 도 我至成佛道
저의 이름	온 누리에	떨치게 될 때	명 성 초 십 방 名聲超十方
그 이름을	못 듣는 이 있게 된다면		구 경 미 소 문 究竟靡所聞

결코 저는　성불하지　않겠나이다　誓不成正覺 (서불성정각)

욕심 떠나　바른 생각　깊이 새기고　離欲深正念 (이욕심정념)
맑고 밝고　지혜로운　도를 닦아서　淨慧修梵行 (정혜수범행)
가장 높은　진리들을　모두 갖추어　志求無上道 (지구무상도)
천인들과　인간들의　스승이 되고　爲諸天人師 (위제천인사)

신통력과　큰 광명을　나타내어서　神力演大光 (신력연대광)
끝이 없는　모든 세계　두루 비추어　普照無際土 (보조무제토)
탐진치의　어두운 때　소멸시켜서　消除三垢冥 (소제삼구명)
중생 재난　널리 구제　하겠나이다　廣濟衆厄難 (광제중액난)

모든 이의　지혜 눈을　밝게 열어서　開彼智慧眼 (개피지혜안)
이 세상의　어두움을　없애버리고　滅此昏盲闇 (멸차혼맹암)
나쁜 세상　가는 길을　모두 막아서　閉塞諸惡道 (폐색제악도)
좋은 세상　가는 길만　열겠나이다　通達善趣門 (통달선취문)

지혜 자비　공덕들을　모두 다 갖춘　功祚成滿足 (공조성만족)

거룩한 빛 시방세계 널리 비추니 위요랑시방
威曜朗十方

해와 달이 밝은 빛을 모두 거두고 일월즙중휘
日月戢重暉

하늘 빛도 숨어들어 사라집니다 천광은불현
天光隱不現

중생 위해 법의 창고 활짝 열어서 위중개법장
爲眾開法藏

큰 공덕의 보배들을 널리 베풀고 광시공덕보
廣施功德寶

어느 때나 대중들과 함께 하면서 상어대중중
常於大衆中

師子吼
사자후로 법을 널리 설하오리다 설법사자후
說法師子吼

온 누리의 부처님께 공양 올려서 공양일체불
供養一切佛

한량없는 공덕들을 두루 갖추고 구족중덕본
具足衆德本

원과 지혜 원만하게 모두 이루어 원혜실성만
願慧悉成滿

삼계 영웅 부처님이 되겠나이다 득위삼계웅
得爲三界雄

걸림없는 부처님의 지혜와 같이 여불무량지
如佛無量智

모든 것을 통달하여 두루 비출 때 통달미부조
通達靡不照

원하오니 제 공덕과 지혜의 힘이 원아공덕력
願我功德力

가장 높은 부처님과 같아지이다 등차최승존
等此最勝尊

정녕 저의	서원들을	다 이룰지면	斯願若剋果
삼천대천	세계 모두	감동을 하고	大千應感動
허공 중에	가득하온	모든 천신들	虛空諸天人
진귀하고	아름다운	꽃비 내리리	當雨珍妙華

부처님께서 아난에게 이르셨다.

"법장비구가 이 게송을 읊고 나자 곧바로 대지가 여섯 가지로 진동하였고, 하늘에서는 아름다운 꽃비가 내려 흩날렸으며, 저절로 음악이 울려퍼지는 가운데 허공에서 찬탄하는 소리가 들려왔느니라.

'결정코 위없는 정각을 성취하여 부처가 되리라.'

이에 법장비구는 그가 세운 큰 서원들을 모두 원만하게 모두 갖추겠다는 진실한 마음이 헛되지 않았음을 느끼고, 세간을 초월한 깊은 적멸의 즐거움을 얻을 것을 간절히 기원하였느니라."

법장비구의 수행

　"아난아, 세자재왕불 앞에서 천신과 마왕·범천·용신 등의 팔부대중이 지켜보는 가운데 사십팔대원[四十八大願]을 세운 법장비구는 훌륭한 불국토를 만들기 위해 오로지 한 마음으로 뜻을 모았느니라.

　그가 세우고자 하는 불국토는 한량없이 넓고 크고 비할 바 없이 빼어나게 아름다우며, 건립을 하고 나면 영원히 쇠퇴하거나 변함이 없는 나라였는데, 법장보살은 이러한 불국토를 세우고자 불가사의한 영겁 동안 한량없는 공덕을 쌓았느니라.

　그는 탐욕과 성냄과 남을 해치는 짓은 아예 하지 않았고 생각조차 품지 않았으며, 색[色]·소리[聲]·냄새[香]·맛[味]·감촉[觸]·대상[法]에도 집착을 하지 않았느니라.

　또한 인욕의 힘을 성취하여 어떠한 괴로움 속에서도 흔들리지 않았고, 욕심이 적고 만족

할 줄 알았기에 탐욕과 성냄과 어리석음에 물듦이 없었으며, 언제나 삼매에 들어 고요하였고, 지혜는 걸림이 없었느니라.

거짓으로 남을 속이거나 아첨하려는 마음이 없었고, 언제나 온화한 얼굴과 부드러운 말로써 미리 중생의 뜻을 헤아리고 보살폈으며, 서원을 굽힘 없이 용맹정진하면서 맑고 높은 법을 구하여 중생들에게 은혜를 베풀었느니라.

또 삼보를 공경하고 스승과 어른을 받들어 섬겼으며, 대장엄(大莊嚴)을 갖추는 행들을 닦아 중생들로 하여금 공덕을 성취할 수 있게 하였느니라.

하지만 그는 공삼매(空三昧)·무상삼매(無相三昧)·무원삼매(無願三昧)의 법에 머무르면서, 모든 현상이 본래 만들어진 것이거나 생겨난 것이 아니라 허깨비처럼 변화하는 것임을 관(觀)하였느니라.

자신을 그르치고 남을 해치는 해로운 말은

멀리하였고, 자기도 남도 함께 이롭게 하는 좋은 말을 닦고 익혔으며, 나라와 왕위를 버리고 재물과 처자의 인연을 끊은 다음 몸소 육바라밀[六波羅蜜]을 닦으면서 다른 사람들에게도 이를 가르쳐 행하도록 하였느니라.

이와 같이 그는 헤아릴 수 없는 오랜 세월 동안 무수한 공덕을 쌓았으므로, 나고자 하는 곳에 자유롭게 모습을 나타내어, 저절로 우러나오는 헤아릴 수 없는 보배 법문[寶藏]으로 헤아릴 수 없이 많은 중생들을 교화하여 안온하게 하고 위없는 바른 진리를 깨닫게 하였느니라.

그리고 때로는 장자[長者]·거사[居士]·재상[宰相]·국왕[國王]·전륜성왕[轉輪聖王]이 되기도 하고, 육욕천왕[六欲天王]과 범천왕[梵天王]에 이르기까지 원하는 대로 태어나서, 언제나 음식·의복·침구·탕약의 네 가지[四事]를 일체 제불께 공양하고 공경하였으니, 그 공덕은 이루 다 말할 수 없느니라.

그의 입에서는 정결한 우발라화(優鉢羅華)(푸른 연꽃)의 향기가 나왔고, 털구멍에서는 전단향의 향기가 풍기었는데, 그 향기는 한량없는 세계로 두루 퍼졌느니라. 또 그 용모는 단정하고 상호(相好)는 매우 빼어나고 훌륭하였으며, 손에서는 항상 무량한 보배와 의복과 음식, 진기하고 아름다운 꽃과 향, 갖가지 일산(蓋)과 깃발 등의 장엄 도구들이 원하는 대로 나왔나니, 모두가 천인들의 것보다 뛰어나고 훌륭하였느니라.

이처럼 그는 모든 법에 있어 자유자재함을 얻었느니라."

제2장 아미타불과 극락정토의 장엄

아미타불은 어떤 분인가

아난이 부처님께 여쭈었다.

"법장보살은 이미 성불하여 열반에 드셨습니까? 아직 성불하지 못했습니까? 아니면 지금 성불하여 현재 계시옵니까?"

부처님께서 아난에게 이르셨다.

"법장보살은 이미 성불하여 현재 서방(西方)에 계시는데, 여기에서 10만억 국토를 지나가면 있고 그 부처님 세계의 이름은 안락(安樂)〔극락(極樂)〕이니라."

*일반적으로 안락국보다는 극락으로 널리 알려져 있으므로 이하에서는 안락을 극락으로 번역함

아난이 다시 여쭈었다.

"그 부처님께서 성불하신 지는 얼마나 되었나이까?"

부처님께서 이르셨다.

"성불하신 이래 십겁(十劫)이 지났느니라.

그 불국토는 금·은·유리·산호·호박·자거· 마노의 칠보로써 땅이 이루어져 있는데, 넓고 광대하여 끝이 없느니라. 그 보배의 빛이 서로 조화를 이루면서 나타내는 찬란하고 아름답고 화려하고 청정한 모습은 시방의 어떤 세계보다 뛰어나며, 그 보배들은 보배 가운데 으뜸으로 꼽는 제육천^{第六天}(타화자재천
他化自在天)의 보배와 같으니라.

그 국토에는 수미산^{須彌山}·금강산·철위산과 같은 높은 산이 전혀 없고, 크고 작은 바다·강·시내·골짜기·우물 등이 없지만, 부처님의 신통력으로 그것들을 보고자 한다면 즉시 나타나느니라. 또 지옥·아귀·축생 등의 괴로움이 가득한 악취^{惡趣}가 없고, 봄·여름·가을·겨울의 사계절이 없어 춥지도 덥지도 않고 언제나 온화하고 쾌적하니라."

아난이 부처님께 여쭈었다.

"세존이시여, 만일 그 국토에 수미산이 없다

면, 수미산에 있다는 사천왕천(四天王天)(욕계의 제1천. 수미산 중턱에 있음) 및 도리천(利天)(욕계의 제2천. 수미산 정상에 있음)은 무엇에 의지하여 있나이까?"

부처님께서 아난에게 이르셨다.

"욕계 제3천인 염천(炎天)(야마천이라 하며 이 천부터는 허공 중에 있음)부터 색구경천(色究竟天)(색계의 십팔천 중 가장 높은 하늘로 대범천왕이 다스림)까지의 모든 하늘은 무엇을 의지하여 있느냐?"

아난이 부처님께 아뢰었다.

"스스로가 지은 불가사의한 업력(業力)의 과보(果報)에 의지하고 있나이다."

부처님께서 아난에게 이르셨다.

"그 하늘들이 지은 업력의 불가사의한 과보에 의지하는 것처럼, 부처님들 세계 또한 그곳의 중생들이 지은 불가사의한 공덕(功德)과 선업(善業)에 의하여 생겨난 땅에 머물러 살기 때문에, 수미산이 없더라도 아무런 불편이 없느니라."

아난이 부처님께 아뢰었다.

"저는 이 법을 의심하지 않지만, 미래의 중생들을 위해 그들의 의혹을 풀어 주고자 그 뜻을 여쭈었나이다."

부처님께서 아난에게 이르셨다.

"무량수불(無量壽佛)(아미타불을 한자로 번역한 이름. 일반적으로 '아미타불'이라 칭하므로 이 번역본에서는 무량수불을 아미타불로 통일함)의 위신력(威神力)과 광명(光明)은 가장 높고 뛰어나서 다른 부처님들의 광명으로는 미치지를 못하나니, 이 부처님의 광명은 백천만억의 불국토를 비추느니라.

요약하여 말할지면, 동방의 항하 모래알처럼 많은 불국토를 비추고, 남방·서방·북방과 그 사이의 방향인 사유(四維) 및 상·하의 불국토도 이 와 같이 비추되, 때에 따라 광명을 7자(척尺)만 비추기도 하고, 혹은 1유순(由旬)(40리), 혹은 2·3·4·5유순을 비추기도 하며, 이와 같이 점점 배가(倍加)되어 한 불국토를 비추기도 하느니라.

이와 같은 까닭으로 아미타불을 무량광불(無量光佛)·무변광불(無邊光佛)·무애광불(無礙光佛)·무대광불(無對光佛)·염왕광불(燄王光佛)·청정광불(淸淨光佛)·환희광불(歡喜光佛)·지혜광불(智慧光佛)·부단광불(不斷光佛)·난사광불(難思光佛)·무칭광불(無稱光佛)·초일월광불(超日月光佛)이라고도 부르느니라.

중생들이 이러한 광명을 만나면 탐욕과 성냄과 어리석음이 저절로 없어지고, 몸과 마음이 부드럽고 경쾌하여지며, 환희로움이 넘치고 착한 마음이 저절로 우러나느니라.

그리고 삼악도三惡道의 괴로운 곳에 있는 이들이 이 광명을 보게 되면 모두 휴식을 얻어 다시는 괴로움을 겪지 않게 되며, 목숨이 다한 뒤에는 모두가 해탈을 얻게 되느니라.

아미타불의 광명은 찬란하여 시방의 모든 불국토를 밝게 비추고, 그 명성은 모든 불국토에서 듣지 못하는 이가 없느니라. 이러한 찬탄은 나 혼자만이 하는 것이 아니니, 일체의 부처님과 성문·연각·보살들도 한결같이 찬탄을 하느니라.

만약 어떤 중생이 그 광명의 위신력과 공덕을 듣고 지극한 마음으로 찬탄하기를 밤낮으로 그치지 않으면 소원대로 그 국토에 태어나게 되며, 보살과 성문 대중들이 그를 찬탄하고 공덕을 칭송하느니라. 그리고 그가 성불할 때에는 시방의 불보살들이 지금과 같이 그의 광명을 찬탄할 것이니라."

부처님께서 이르셨다.

"아미타불의 광명과 위신력의 위대함과 수승함과 미묘함은 내가 1겁 동안 밤낮으로 설하여도 오히려 다 말할 수가 없느니라."

부처님께서 아난에게 이르셨다.

"아미타불의 수명이 한량없이 길어 헤아릴 수 없다는 것을 너는 알 수가 있겠느냐?

가령 시방의 한량없는 중생들이 모두 사람의 몸을 얻고 빠짐없이 성문과 연각이 된 다음, 모두가 한 곳에 모여 고요한 마음으로 지혜를 모아 백천만 겁 동안 아미타불의 수명을 계산하고 세어본다 할지라도 그 수명의 끝을 알 수가 없느니라.

또 극락세계의 성문과 보살과 천신과 인간

들의 수명도 그와 같아서, 계산을 하거나 비유를 통해서는 알 수가 없느니라.

그리고 그 세계의 헤아릴 수 없이 많은 성문과 보살 모두는 신통과 지혜를 통달하여, 자재한 위신력으로 능히 모든 세계를 손바닥 위에 올려놓을 수 있느니라."

부처님께서 아난에게 이르셨다.

"그 부처님께서 최초로 법을 설하시는 법회에 모인 성문들의 수는 헤아릴 수 없이 많았고, 보살들의 수도 그러하였느니라. 신통력이 큰 대목건련^{大目犍連}과 같은 이가 백천만억 명이 아승기^{阿僧祇} 나유타 겁 또는 수명이 다할 때까지 헤아릴지라도 그 수를 끝내 알 수가 없느니라.

비유를 하면, 큰 바다가 깊고 광대하기 그지없는데, 어떤 사람이 하나의 머리털을 백등분한 다음에 그 한 조각의 털로 바닷물을 한 방울 적셔 낸다고 하자. 너는 그 털 끝에 적신 바닷물과 저 큰 바닷물 중 어느 쪽이 더 많다고 생각하느냐?"

"저 털끝에 적신 물과 저 큰 바닷물의 많고 적음을 비교하는 것은 어떠한 계산법으로도 측량이 불가능하고, 어떠한 말로도 표현할 수가 없나이다."

"아난아, 목건련과 같은 이가 백천만억 나유타 겁 동안 헤아려서 알 수 있는 수는 오히려 털 끝에 묻는 한 방울의 물과 같고, 아미타불 최초 법회에 모인 성문과 보살의 수는 큰 바닷물과 같았느니라.

극락의 장엄

또한 그 불국토에는 칠보나무(七寶樹)들이 가득하나니, 금(金)으로 된 나무·은(銀)으로 된 나무·유리(琉璃)(푸른 빛을 띤 투명한 구슬)로 된 나무·파리(玻璃)(수정의 일종)로 된 나무·산호(珊瑚)(바다 속에서 자라는 산호)로 된 나무·마노(瑪瑙)(고운 무늬가 있는 옥과 같은 보석)로 된 나무·자거(硨磲)(조개에서 얻는 하얀 빛 보석)로 된 나무를 비롯하여, 두 가지 보배, 세 가지 보배, 나아가 칠보가 모두 합쳐져서 이루어진 나무들이니라.

그리고 금나무에 은으로 된 잎과 꽃과 열매가 달린 것이 있는가하면, 은나무에 금으로 된 잎과 꽃과 열매가 달린 것도 있느니라. 또 유리나무에 파리로 된 잎과 꽃과 열매가 달린 것, 수정나무에 유리로 된 잎과 꽃과 열매가 달린 것, 산호나무에 마노로 된 잎과 꽃과 열매가 달린 것, 마노나무에 유리로 된 잎과 꽃과 열매가 달린 것, 자거나무에 온갖 보배로 된 잎과 꽃과 열매가 달린 것이 있느니라.

또 어떤 보배 나무는 자마금紫磨金(자색빛의 최고급 순금) 뿌리에 백은白銀 줄기, 유리 가지, 수정 곁가지, 산호 잎, 마노 꽃에 자거 열매가 열려 있느니라.

어떤 보배 나무는 백은 뿌리, 유리 줄기, 수정 가지, 산호 곁가지, 마노 잎, 자거 꽃에 자마금 열매가 열려 있느니라.

어떤 보배 나무는 유리 뿌리, 수정 줄기, 산

호 가지, 마노 곁가지, 자거 잎, 자마금 꽃에 백은 열매가 열려 있느니라.

어떤 보배 나무는 수정 뿌리, 산호 줄기, 마노 가지, 자거 곁가지, 자마금 잎, 백은 꽃에 유리 열매가 열려 있느니라.

어떤 보배 나무는 산호 뿌리, 마노 줄기, 자거 가지, 자마금 곁가지, 백은 잎, 유리 꽃에 수정 열매가 열려 있느니라.

어떤 보배 나무는 마노 뿌리, 자거 줄기, 자마금 가지, 백은 곁가지, 유리 잎, 수정 꽃에 산호 열매가 열려 있느니라.

어떤 보배 나무는 자거 뿌리, 자마금 줄기, 백은 가지, 유리 가지, 수정 잎, 산호 꽃에 마노 열매가 열려 있느니라.

그 불국토에는 이와 같은 보배 나무들이 가지런히 줄을 지어 조화롭게 심어져 있는데, 줄기는 줄기끼리 마주보고 가지와 가지, 잎과 잎, 꽃과 꽃, 열매와 열매들이 서로 조화롭게 정돈되어 있어, 모습이 그지없이 아름답고 광채가 매우 찬란하여 눈이 부실 정도이며, 때때로 맑은 바람이 불어오면 다섯 가지의 미묘한 소리가 울려퍼지면서 서로가 아름다운 조화를 이루느니라.

또 아미타불이 계시는 도량의 나무(道場樹)는 높이가 4백만 리(里)이고, 그 밑둥의 둘레가 50유순이며, 가지와 잎은 사방으로 20만 리나 펼쳐져 있는데, 보배 중의 으뜸인 월광마니(月光摩尼)(여의주마니보주)와 지해륜보(持海輪寶)(바다에서 나는 아름다운 구슬) 등의 보배로 장엄되어 있느니라.

나무의 가지와 가지 사이에는 보배 구슬이 드리워져 있는데, 구슬들의 색이 백천만 가지로 달라지고 변화하면서 한량없는 광채를 휘황찬란하게 발하고 있으며, 나무 위에는 진기하고 묘한 보배로 된 그물이 덮여 있는 등 장엄이 아주 잘 되어 있느니라.

그리고 미풍이 불어 보배 나뭇가지가 살랑거리면 아름다운 법음(法音)이 흘러나와 시방의 모든 불국토로 울려 퍼지나니, 그 소리를 듣는 이는 무생법인(無生法忍)을 얻어 불퇴전(不退轉)의 경지에 머물고, 불도(佛道)를 이룰 때까지 괴로움과 근심걱정을 만나지 않느니라.

또한 눈으로 그 색깔을 보고, 귀로 그 소리를 듣고, 코로 그 향기를 맡고, 혀로 그 맛을 보고, 몸으로 그 빛의 촉감을 느끼고, 마음으로 그 인연을 생각하는 이는 모두가 깊고 깊은 법인(法忍)을 얻어 불퇴전의 경지에 머무르고, 불도를 이룰 때까지 육근(六根)(눈 귀 코 혀 몸 뜻의 여섯 감각기관) 청정하고 명철하여 번뇌와 우환들이 없느니라.

아난아, 그 불국토에 있는 인간과 천신들이 이 나무를 보면 삼법인(三法忍)을 얻나니, 첫째는 음향인(音響忍)(설법을 듣고 수행하여 깨달음을 얻는 것)이요, 둘째는 유순인(柔順忍)(진리에 순응하여 깨달음을 얻는 것)이며, 셋째는 무생법인(無生法忍)(나고 죽음이 본래 없음을 깨닫는 것)이니라. 이것은 모두 아미타불의 위신력에 의한 것이요 본원력(本願力)(수행할 때 세운 서 원의 힘. 곧 48원) 때문이며, 만족원(滿足願)(모든 것을 원만 하게 갖춘 원)과 명료원(明了願)(분명한 서원)과 견고 원(堅固願)(견고한 서원)과 구경원(究竟願)(원을 다 성취함) 때문이니라."

부처님께서 아난에게 이르셨다.

"세간의 제왕(帝王)들이 듣는 백천 가지 음악에 비해 전륜성왕부터 제6천(욕계 제6천인 타화자재천)에 이르기까지의 연주와 음악 소리는 천억만 배나 더 빼어나니라. 그러나 제6천의 만 가지 음악 소리는 아미타불의 국토에 있는 칠보수들이 내는 한 가지 음악 소리에도 미치지 못하나니, 칠보수의 소리는 천상의 소리보다 천억만 배나 더 수승하니라.

또 그 불국토에는 칠보수 음악 외에도 자연스럽게 연주되는 만 가지의 음악이 있나니, 그 소리는 모두가 진리의 음악(法音)으로, 청정하고 맑고 애절하고 너그럽고 미묘하고 온화하고 우아하여, 시방의 음악 소리 가운데 단연

으뜸이니라.

또한 그 불국토에는 칠보로 된 강당·정사·
궁전·누각들이 있는데, 이들 모두는 자연히
이루어진 것들로, 그 위에는 진주와 명월마니
등의 갖가지 보배로 엮은 그물이 덮여 있느니
라.

그리고 그 안팎과 좌우에는 목욕을 할 수
있는 연못이 있는데, 그 크기는 10유순에서 20
유순·30유순 내지 백천 유순이나 되느니라.
이 연못들의 세로와 가로와 깊이는 다 같고,
팔공덕수 (여덟가지 공덕이 있는 물. ①청정함 ② 향기로움 ③ 가벼움 ④ 서늘함 ⑤ 부드러움 ⑥ 아름다움 ⑦ 맛있음 ⑧ 마시면 병이 나음)가 가득 차
있으며, 청정하고 향기로운 그 맛은 감로수와
같으니라.

황금 연못의 바닥에는 백은 모래가 깔려 있
고, 백은 연못의 바닥에는 황금 모래, 수정 연
못에는 유리 모래, 유리 연못에는 수정 모래,
산호 연못에는 호박 모래, 호박 연못에는 산

호 모래, 자거 연못에는 마노 모래, 마노 연못에는 자거 모래, 백옥 연못에는 자마금 모래, 자마금 연못의 바닥에는 백옥 모래가 깔려 있으며, 어떤 연못은 두 가지나 세 가지 보배, 나아가 칠보가 합쳐져서 이루어진 연못도 있느니라.

그 연못가 언덕에 드리워져 있는 전단향나무의 꽃과 잎의 향기는 멀리까지 퍼져 나가며, 연못에는 찬란한 빛을 발하는 우발라화(청련)와 발담마화(홍련), 구물두화(황련), 분타리화(백련)가 서로 어우러져 있느니라.

이 보배 연못에 들어가는 그곳의 보살과 성문들이, 물이 발까지 잠기기를 원하면 물은 곧 발을 적시고, 물이 무릎까지 이르기를 원하면 물은 곧 무릎에 이르며, 허리까지 잠기기를 원하면 허리까지, 목까지 잠기기를 원하면 목, 온몸을 적시기를 원하면 온몸을 적셔 주는데,

물이 다시 원래대로 돌아가기를 원하면 곧 원
상태로 돌아가며, 물의 차고 따뜻함도 바라는
대로 이루어지느니라.

그 연못에서 목욕을 하면 정신이 맑아지고
온몸이 상쾌해지며 마음의 때까지 말끔히 씻
겨지느니라.

또한 그 물은 너무나 맑고 투명하여 물이
없는 것처럼 보이고, 보배로 된 못 바닥의 모
래는 훤히 드러나, 매우 깊은 곳의 것도 밝게
빛나고 있느니라.

연못의 물결은 굽이치고 합해지며 빠르지도
느리지도 않게 잔잔히 흐르면서 미묘한 소리
를 저절로 일으키니, 듣고자 하는 대로 모든
소리를 다 들을 수 있느니라.

곧 어떤 이는 부처님의 음성(佛聲)을 듣고, 어
떤 이는 법의 소리(法聲)를, 어떤 이는 승단의 소
리(僧聲)를 듣느니라. 더 나아가 고요한 소리(寂
靜聲), 공과 무아의 소리(空無我聲), 대자비의 소리

〔大慈悲聲〕, 바라밀다의 소리〔波羅蜜聲〕, 십력과 사무외와 십팔불공법의 소리, 신통과 지혜의 소리〔諸通慧聲〕, 조작됨이 없는 진리의 소리〔無所作聲〕, 나고 멸함이 없는 소리〔不起滅聲〕, 무생법인의 소리〔無生法忍聲〕, 감로수로 관정을 하는 소리 등, 온갖 묘한 법의 소리를 들을 수 있느니라.

이와 같은 소리를 들은 이들은 들은 바를 따라 마음이 청정하여져서 탐욕을 여의고 적멸의 진실한 뜻에 수순하며, 삼보와 십력과 사무소외와 십팔불공법에 수순하며, 신통과 지혜를 통달한 보살과 성문이 행하는 도에 수순하느니라.

그러므로 거기에는 삼악도나 고난이라는 명칭조차 없고, 오직 자연스럽고 상쾌하고 즐거운 소리만 있을 뿐이므로, 그 나라를 극락국이라고 이름하느니라.

극락정토의 즐거움

아난아, 저 불국토에 왕생하는 이는 누구나 청정한 몸과 아름답고 묘한 음성, 신통력과 공덕을 갖추게 되며, 그들이 살아가는 데 필요한 궁전과 의복과 음식, 미묘한 꽃과 향과 장엄구들이 갖추어지는 것은 타화자재천(他化自在天)에서 모든 것이 생각하는대로 저절로 갖추어지는 것(自然之物)과 같으니라.

만약 음식을 먹고 싶을 때는 칠보로 된 그릇(應器)이 저절로 앞에 나타나되, 금·은·유리·자거·마노·산호·호박·명월주·진주 등의 그릇에 백 가지 맛(百味)의 음식들이 원하는대로 가득 담겨 있느니라.

그러나 앞에 나타나는 이 음식들을 실제로 먹는 이는 없나니, 다만 빛깔을 보고 향기를 맡으면 먹었다는 생각이 들고 저절로 배가 부르게 되느니라. 그리고 몸과 마음이 경쾌하고 유연하여져서 맛에 집착하지 않으며, 식사를 마치면 그릇과 음식들이 사라지고, 먹고 싶을 때가 되면 다시 나타나느니라.

이처럼 저 불국토의 청정함과 안온함과 미묘함과 상쾌함은 무위열반(無爲涅槃)(함이 없는 고요한 열반)의 경지와 버금가느니라.

그 곳에 있는 모든 성문과 보살과 천신과 인간들은 지혜가 매우 밝고 신통력이 자재하며, 모두가 한결같은 모습을 하고 있어 다르게 생긴 이가 없느니라. 다만 다른 세상에서 불렀던 이름에 따라 천신과 인간의 이름이 있을 뿐, 그들의 얼굴과 용모는 뛰어나게 훌륭하여 이 세상의 천신이나 인간들과는 비교도 되지 않나니, 모두가 자연스럽고 헛됨이 없는 몸이요〔自然虛無之身(자연허무지신)〕, 지극히 원만한 몸〔無極之體(무극지체)〕을 가지고 있느니라."

부처님께서 아난에게 이르셨다.

"비유를 하자면, 세간의 지극히 가난한 거지가 임금님 옆에 앉는 것과 같나니, 그 모습과 용모가 어찌 비슷할 수 있겠느냐?"

아난이 부처님께 아뢰었다.

"그와 같은 걸인이 임금님 옆에 있다면 파리하고 누추하고 더러워서 비유를 할 수가 없으며, 그 차이는 백천만억 배나 되어 가히 헤아릴 수 없나이다. 왜냐하면 가난하고 궁핍한 걸인은 극도로 누추하여, 옷은 몸을 다 가리지 못하고 음식은 겨우 목숨을 부지할 정도여서, 늘 배고프고 춥고 괴로워하면서 사람의 도리를 거의 할 수가 없는 지경이기 때문입니다.

이는 모두 전생에 공덕을 심지 않고 모은 재물을 베풀지 않았기 때문이니, 부유해질수록 더 인색해지면서 더 많은 이익을 얻고자 탐하고 구하기를 조금도 꺼려하지 않았습니다. 그리고 선한 행은 닦지 않고 악한 짓만 태산처럼 쌓았을 뿐입니다.

그러나 목숨이 다하면 애써 모은 재물과 보배는 도리어 근심과 괴로움의 근본이 될 뿐 스스로에게는 아무런 도움이 되지 못하며, 마침내는 남의 것이 되어 흩어져 버립니다. 곧 스스로가 믿고 의지할만한 선한 일을 하지도 않고 공덕을 쌓지도 않았으므로 죽은 다음 악도에 떨어져서 오랫동안 괴로움을 받게 되며, 과보를 다 받고 악도를 빠져나와 사람으로 태어날지라도 어리석고 누추하고 천하게 보일 뿐입니다.

이와는 반대로 임금이 세상의 사람들 중에서 홀로 존귀한 까닭은 전생에 공덕을 쌓은 때문이옵니다. 자비와 은혜로운 마음으로 널리 베풀고, 인자함과 어진 마음으로 많은 이들을 구제하며, 신의를 지키고 선한 일을 닦을 뿐 남의 뜻을 거역하거나 다투는 바가 없었나이다.

그렇게 살다가 목숨을 마치면 지은 복에 따

라 좋은 세계인 천상에 태어나서 복락을 누리게 됩니다. 또한 그가 인간이 되면, 왕의 가문에 태어나 자연히 존귀한 신분에 행동과 용모가 준수하고 반듯한 이가 되어 많은 사람들의 존경을 받으며, 좋은 옷과 진귀한 음식을 마음대로 누리게 되니, 과거 전생에 지은 복덕의 과보로 인한 것이옵니다."

부처님께서 아난에게 이르셨다.
"네 말이 옳다. 그러나 인간 가운데 존귀하고 용모가 준수하고 반듯한 임금도 전륜성왕에 비하면 매우 누추하고 볼 품 없음이, 마치 거지를 임금의 곁에 앉혀 놓은 것과 같으니라.
또 전륜성왕의 위엄이 늠름하고 빼어나서 천하 제일이라고 하지만 도리천왕에 비하면 추악하기가 만억 배나 되고, 이 도리천왕을 욕계 제6천왕인 타화자재천왕과 비하면 그 차이가 백천억 배나 되며, 타화자재천왕을 아미타불 국토의 보살이나 성문에 비하면 빛나는 얼굴과 용모에 미칠 수 없음이 백천만억 배나 차이가 있어 가히 헤아릴 수조차 없느니라."

부처님께서 아난에게 이르셨다.
"무량수국의 여러 천신과 인간들의 의복과 음식·꽃·향·영락·일산·당번과 미묘한 음악, 거처하는 저택·궁전·누각 등은 각자의 형색에 맞추어서 높고 낮고 크고 작게 되어 있는데, 그것들은 한 가지 보배나 두 가지 보배 내지는 헤아릴 수 없이 많은 온갖 보배들로 이루어져 있으며, 그들이 바라고 생각하면 즉시 그들 앞에 나타나느니라.

또 갖가지 보배로 장식된 아름다운 비단이 땅에 널리 깔려 있는데, 모든 천신과 인간들이 그것을 밟고 다니느니라. 그리고 한량없는 보배 그물이 불국토를 완전히 덮고 있는데, 금실과 진주와 백천 가지 기묘하고 진기한 보배로 장엄하게 꾸며져 있으며, 사방으로 드리워져 아름답게 울리는 보배 방울은 찬란히 빛나고 있나니, 어느 것 하나 지극히 수려하지 않은 것이 없느니라."

나아가 덕스럽고 온화하게 불어오는 바람은 매우 조화로워서 춥지도 덥지도 않으며, 서늘하고 따뜻하고 부드럽고 상쾌하며, 세지도 약하지도 않느니라.

이러한 바람이 보배 그물과 보배 나무에 닿으면 한없이 미묘한 법음(法音)이 울려퍼지고 만 가지 그윽한 덕(德)의 향기(香氣)를 풍기는데, 그 소리를 듣고 향기를 맡은 이는 모든 번뇌와 마음의 때가 저절로 사라지고, 바람이 몸에 닿으면 모든 상쾌함과 즐거움을 얻게 되나니, 마치 비구가 멸진삼매(滅盡三昧)(번뇌와 분별이 모두 끊어진 삼매)에 들어 즐거움을 누리는 것과 같으니라.

또 바람이 불면 꽃잎이 휘날려서 그 불국토

에 가득 차는데, 꽃들은 색깔에 따라 흩어져 서로 섞이지 않으며, 부드러운 광택을 내고 그윽한 향기를 풍기느니라. 그 꽃잎을 밟으면 아래로 네 치나 들어가고 발을 떼면 다시 이전처럼 올라오며, 꽃잎이 시들면 땅이 갈라지며 땅 속으로 빨려들어가서 흔적도 없게 되느니라. 이렇게 시간에 맞추어 바람이 불어 꽃을 흩날리게 하기를 하루에 여섯 차례 되풀이하느니라.

또한 갖가지 보배로 된 연꽃이 그 세계에 가득 피어 있는데, 그 하나하나의 보배 꽃에는 백천억 개의 꽃잎이 있고, 그 꽃잎에서 발하는 광명은 한량이 없느니라. 푸른 꽃잎에서는 푸른 광명이 나고, 흰색 꽃잎에서는 흰 광명이 나며, 검은색·노란색·붉은색·자주색의 꽃잎들도 각기 그러한 광명을 뿜어내나니, 화려하고 찬란한 빛의 밝기는 해나 달과 같으니라.

하나하나의 연꽃이 36백천억의 빛을 발하고,

그 하나하나의 빛 속에는 36백천억의 부처님께서 나타나시나니, 그 몸은 자금색(紫金色)이요 상호는 매우 수승하시느니라.

그 모든 부처님 한 분 한 분은 백천 가지 광명을 발하면서 시방의 중생들을 위해 미묘한 법을 설하시어, 한량없는 중생들을 부처님의 정도(正道) 속에서 편안히 머물 수 있게 하시느니라."

〈불설무량수경 상권〉 끝

제3장 극락정토 왕생의 인연과 결과

중생의 정토왕생

부처님께서 아난에게 이르셨다.

"아난아, 저 극락세계에 왕생하는 중생들은 모두가 반드시 정정취(正定聚)(반드시 성불 하게 되는 자리)에 머물게 되느니라. 왜냐하면 극락에는 사정취(邪定聚)(삼악도에 떨어지는 이)나 부정취(不定聚)(어디로 갈지를 모르는 이)가 없기 때문이니, 이로 인해 항하의 모래 수만큼 많은 시방의 부처님들도 한결같이 아미타불의 위신력과 공덕이 불가사의하다고 찬탄을 하시느니라.

어떤 중생이라도 아미타불의 명호를 듣고 신심을 내어 환희하는 마음을 일으키거나, 일념으로 극락세계에 태어나기를 발원하게 되면 반드시 왕생하여 불퇴전(不退轉)의 자리에 머물게 되느니라. 다만 오역죄(五逆罪)를 범한 이와 정법(正法)을 비방하는 이는 제외하노라."

부처님께서 아난에게 이르셨다.

"시방의 천신과 인간들 중에 지극한 마음으로 극락세계에 태어나기를 원하는 이들에는 삼배(三輩)(세 가지 종류의 무리. 상배·중배·하배)가 있느니라.

상배자(上輩者)는 출가 승려가 되어 욕심을 버리고 보리심(菩提心)을 일으키고 아미타불을 한결같이 염하면서(一向專念) 여러 가지 공덕을 닦고 극락세계에 태어나기를 발원하는 이들이니라.

이 중생이 임종할 때는 아미타불께서 여러 대중과 함께 그의 앞에 직접 나타나시나니, 그는 곧바로 부처님을 따라 극락세계에 왕생하여 칠보로 된 연꽃 가운데 화생(化生)(태나 알 등을 빌리지 않고 바로 태어남)하여 불퇴전의 자리에 머물게 되며, 지혜와 용맹을 갖추고 신통력 또한 자재하게 되느니라.

그러므로 아난아, 지금 세상에서 아미타불을 친견하고자 원하는 이는 마땅히 위없는 보리심(無上菩提心)을 일으켜서 공덕을 닦고 극락세계에 태어나기를 발원해야 하느니라."

부처님께서 아난에게 이르셨다.

"중배자(中輩者)는 지극한 마음으로 극락에 왕생하기를 원하는 시방의 천신과 인간들 중에, 비록 승려가 되어 큰 공덕을 닦지는 못하지만 위없는 보리심을 일으키고 아미타불을 한결같이 염하는(一向專念) 이들이니라.

그리고 다소의 선행을 닦고 계율을 받들어 지키면서, 탑을 세우고 불상을 조성하고 승려에게 음식을 공양하고 부처님 전에 천개(天蓋)를 바치고 등불을 밝히고 꽃을 흩고 향을 사르는 그 공덕들을 회향(廻向)하여 극락세계에 태어나기를 원하는 이들이니라.

이러한 이가 임종할 때는 아미타불께서 화신(化身)을 보내시는데, 광명과 상호가 실제의 아미타불과 다를 바 없는 모습으로 여러 대중들과 함께 그의 앞에 나타나느니라. 그러면 그는 곧바로 화신불을 따라 극락세계에 왕생하여 불퇴전의 자리에 머물게 되나니, 그 공덕과 지혜는 상배자 다음이니라."

부처님께서 아난에게 이르셨다.
"하배자(下輩者)는 지극한 마음으로 극락에 왕생하기를 원하는 시방의 천신과 인간들 중에, 여러 가지 공덕을 짓지는 못하였지만 위없는 보리심을 일으키고 아미타불을 한결같이 염하거나 일향전념(一向專念) 단 십념(十念)만이라도 생각을 오로지하여 지극한 마음으로 아미타불을 생각하며 극락세계에 태어나기를 원하는 이들이니라.

또한 이 깊은 법을 듣고 환희심을 일으켜서 믿고 즐거워하고 의혹을 냄이 없이 일념으로 아미타불을 생각하면서 지극한 마음으로 극락세계에 태어나기를 원하는 이들이니라.

이러한 이가 임종할 때에는 꿈결에서 아미타불을 뵙고 왕생하게 되는데, 그 공덕과 지혜는 중배자 다음이니라."

보살과 성중의 왕생

부처님께서 아난에게 이르셨다.

"아난아, 아미타불의 위신력은 끝이 없어서, 시방의 한량없고 가없고 불가사의한 부처님들 중에 찬탄하지 않는 분이 없느니라.

저 동방에 있는 항하의 모래처럼 많은 불국토의 헤아릴 수 없이 많은 보살들 모두가 아미타불이 계신 곳으로 나아가서 아미타불과 그곳의 보살·성문대중에게 공양을 한 다음, 아미타불의 가르침을 듣고 제 나라로 돌아가서 중생을 널리 교화하느니라.

그리고 남방과 서방과 북방, 동남·동북·서남·서북의 사유四維와 상上·하下의 불국토 보살들도 그와 같이 행하느니라."

이때 부처님께서 게송으로 이르셨다.

동방세계 여러 곳의 불국토 수는 東方諸佛國동방제불국

항하강의　모래만큼　많고 많나니　其數如恒沙 ^{기 수 여 항 사}
그 불국토　한량없는　보살대중이　彼土菩薩衆 ^{피 토 보 살 중}
함께 와서　아미타불　친견하노라　往觀無量覺 ^{왕 근 무 량 각}

또한 남방　서방 북방　사유와 함께　南西北四維 ^{남 서 북 사 유}
상방 하방　불국토도　많고 많나니　上下亦復然 ^{상 하 역 부 연}
그 불국토　한량없는　보살 대중이　彼土菩薩衆 ^{피 토 보 살 중}
모두 와서　아미타불　친견하노라　往觀無量覺 ^{왕 근 무 량 각}

시방세계　어디에나　가득한 보살　一切諸菩薩 ^{일 체 제 보 살}
하늘나라　여러 가지　묘한 꽃들과　各齎天妙華 ^{각 재 천 묘 화}
보배향과　하늘 옷을　가지고 와서　寶香無價衣 ^{보 향 무 가 의}
아미타불　친견하고　공양 올리네　供養無量覺 ^{공 양 무 양 각}

모두 함께　천상 음악　연주하면서　咸然奏天樂 ^{함 연 주 천 악}
온화하고　아름다운　노래 부르며　暢發和雅音 ^{창 발 화 아 음}
가장 높고　존귀하다　찬탄하면서　歌歎最勝尊 ^{가 탄 최 승 존}
아미타불　친견하고　공양 올리네　供養無量覺 ^{공 양 무 량 각}

신통력과	지혜 모두	통달하여서	구 달 신 통 혜 究達神通慧
모든 깊은	법문 속을	노닐 뿐더러	유 입 심 법 문 遊入深法門
한량없는	功德藏 공덕장을	두루 갖추니	구 족 공 덕 장 具足功德藏
아미타불	묘한 지혜	짝할 이 없네	묘 지 무 등 륜 妙智無等倫

태양같은	지혜로써	세상을 비춰	혜 일 조 세 간 慧日照世間
생과 사의	먹구름을	소멸시키니	소 제 생 사 운 消除生死雲
보살들이	공경하여	주의를 돌며	공 경 요 삼 잡 恭敬繞三帀
가장 높은	부처님께	예배드리네	계 수 무 상 존 稽首無上尊

장엄하기	그지없는	극락을 보니	견 피 엄 정 토 見彼嚴淨土
그지없이	미묘하고	不 思 議 부사의하여	미 묘 난 사 의 微妙難思議
타방보살	가장 높은	보리심 내고	인 발 무 상 심 因發無上心
내 국토도	그와 같이	되기 원하네	원 아 국 역 연 願我國亦然

바로 그때	아미타불	이에 응하니	응 시 무 량 존 應時無量尊
환한 미소	그 얼굴에	가득해지고	동 용 발 흔 소 動容發欣笑
입에서는	한량없는	광명 발하여	구 출 무 수 광 口出無數光

시방세계	모든 곳을	두루 비추네	변조시방국 遍照十方國

그 광명은	다시 돌아	몸을 감싸며	회광위요신 迴光圍繞身
세 번 돈 뒤	정수리로	들어가나니	삼잡종정입 三帀從頂入
온 세상의	천신 인간	모든 대중들	일체천인중 一切天人衆
하나 같이	환희하며	뛰어오르네	용약개환희 踊躍皆歡喜

바로 그때	관음보살	옷깃 여미고	대사관세음 大士觀世音
머리 숙여	부처님께	여쭈었다네	정복계수문 整服稽首問
여래시여	무슨 일로	웃으십니까	백불하연소 白佛何緣笑
원하오니	그 까닭을	설해 주소서	유연원설의 唯然願說意

우레처럼	우렁차고	맑은 음성과	범성유뢰진 梵聲猶雷震
아주 묘한	팔음 내어	설하셨노라	팔음창묘향 八音暢妙響
이제부터	보살에게	수기 주리니	당수보살기 當授菩薩記
주의 깊게	내 말 듣고	명심하여라	금설인체청 今說仁諦聽

시방세계	각처에서	모인 보살들	시방래정사 十方來正士

너희들이	지닌 소원	내가 아노라	오 실 지 피 원 吾悉知彼願
장엄정토	이루고자	뜻을 세우면	지 구 엄 정 토 志求嚴淨土
수기 받아	틀림 없이	성불하노라	수 결 당 작 불 受決當作佛

온갖 것이	꿈과 같고	幻 환과 같으며	각 료 일 체 법 覺了一切法
메아리와	같은 줄을	훤히 깨달아	유 여 몽 환 향 猶如夢幻響
여러 가지	묘한 원을	만족시키면	만 족 제 묘 원 滿足諸妙願
틀림 없이	이와 같은	국토 이룬다	필 성 여 시 찰 必成如是剎

또 번개나	그림자와	같음 깨닫고	지 법 여 전 영 知法如電影
菩 薩 道 보살도를	최후까지	닦고 행하여	구 경 보 살 도 究竟菩薩道
여러 가지	공덕들을	두루 갖추면	구 제 공 덕 본 具諸功德本
수기 받아	틀림 없이	성불하노라	수 결 당 작 불 受決當作佛

법의 본성	모두가 다	공할 뿐더러	통 달 제 법 성 通達諸法性
나가 본래	없다는 것	통달한 다음	일 체 공 무 아 一切空無我
온 힘 다해	부처님의	정토 구하면	전 구 정 불 토 專求淨佛土
틀림 없이	이와 같은	국토 이룬다	필 성 여 시 찰 必成如是剎

제불들도　　보살에게　　이르시기를　　_{제불고보살} 諸佛告菩薩
극락세계　　아미타불　　가서 뵈어라　_{영근안양불} 令覲安養佛
법문 듣고　　기뻐하며　　행하게 되면　_{문법요수행} 聞法樂受行
맑디 맑은　　저 국토를　　속히 얻노라　_{질득청정처} 疾得清淨處

저 장엄한　　극락국에　　이르게 되면　_{지피엄정토} 至彼嚴淨國
문득 모든　　신통력을　　갖추게 되고　_{변속득신통} 便速得神通
틀림 없이　　아미타불　　수기를 받아　_{필어무량존} 必於無量尊
가장 높은　　깨달음을　　성취하노라　_{수기성등각} 受記成等覺

아미타불　　본래 세운　　원력을 보면　_{기불본원력} 其佛本願力
그 이름만　　듣고서도　　원하는 이가　_{문명욕왕생} 聞名欲往生
빠짐없이　　극락세계　　왕생하여서　_{개실도피국} 皆悉到彼國
불퇴전의(不退轉)　높은 자리　오른다 했다　_{자치불퇴전} 自致不退轉

보살들아　　원과 뜻을　　분명히 세워　_{보살흥지원} 菩薩興志願
내 국토도　　극락처럼　　되게 하여서　_{원기국무이} 願己國無異
모든 중생　　제도코자　　결심한다면　_{보념도일체} 普念度一切

그 이름을　시방에다　떨치게 된다　名顯達十方

또한 많은　부처님을　섬기기 위해　奉事億如來
두루 여러　불국토를　날아다니며　飛化遍諸刹
정성 다해　공경하고　기뻐한 다음　恭敬歡喜去
극락으로　되돌아서　오게 되노라　還到安養國

착한 공덕　쌓지 않고　살아온 이는　若人無善本
이 경전의　가르침을　듣지 못하고　不得聞此經
청정 계율　잘 지키며　살아온 이는　清淨有戒者
부처님의　바른 법문　얻게 되노라　乃獲聞正法

일찍부터　부처님을　친견한 이는　曾更見世尊
의심 없이　정토법문　능히 믿어서　則能信此事
공손하게　듣고 받아　실천을 하고　謙敬聞奉行
아주 크게　환희하며　나아간단다　踊躍大歡喜

교만하고　사악하고　게으른 자는　憍慢弊懈怠

이 법문을　만나고도　믿지 못하고　　難以信此法 _{난이신차법}
과거세에　부처님들　친견한 이는　　宿世見諸佛 _{숙세견제불}
이 가르침　즐겨 듣고　따르느니라　　樂聽如是教 _{낙청여시교}

성문들은　물론이요　보살들까지　　聲聞或菩薩 _{성문혹보살}
부처님의　깊은 마음　알지 못하니　　莫能究聖心 _{막능구성심}
이는 마치　날 때부터　눈먼 사람이　　譬如從生盲 _{비여종생맹}
다른 이의　길잡이가　되려함 같네　　欲行開導人 _{욕행개도인}

부처님의　크나크신　지혜 바다는　　如來智慧海 _{여래지혜해}
깊고 넓어　끝을 가히　알 수 없으니　深廣無崖底 _{심광무애저}
성문이나　보살들은　측량 못하고　　二乘非所測 _{이승비소측}
부처님만　오직 홀로　밝게 아신다　　唯佛獨明了 _{유불독명료}

이 세상의　사람들이　모두 모여서　　假使一切人 _{가사일체인}
출가하여　불법 속에　귀의한 다음　　具足皆得道 _{구족개득도}
본래 공함　통달하여　얻은 지혜로　　淨慧知本空 _{정혜지본공}
억겁 동안　부처 지혜　생각을 하고　　億劫思佛智 _{억겁사불지}

있는 힘을 다하여서 강설을 해도　窮力極講說 ^{궁 력 극 강 설}

그의 수명 다하도록 알지 못하니　盡壽猶不知 ^{진 수 유 부 지}

부처님의 한량없고 끝없는 지혜　佛慧無邊際 ^{불 혜 무 변 제}

이와 같은 청정함에 이르러 있네　如是致清淨 ^{여 시 치 청 정}

중생들은 오래 살기 매우 어렵고　壽命甚難得 ^{수 명 심 난 득}

부처님을 만나 뵙기 쉽지 않으며　佛世亦難値 ^{불 세 역 난 치}

믿음 지혜 갖추기는 더욱 힘드니　人有信慧難 ^{인 유 신 혜 난}

좋은 법문 들었을 때 힘써 닦아라　若聞精進求 ^{약 문 정 진 구}

법문 듣고 잊지 않고 능히 새겨서　聞法能不忘 ^{문 법 능 불 망}

친견하고 공경하면 큰 경사 얻네　見敬得大慶 ^{견 경 득 대 경}

그는 바로 나의 선한 벗이 되나니　則我善親友 ^{즉 아 선 친 우}

그러므로 모름지기 발심을 해라　是故當發意 ^{시 고 당 발 의}

온 세계에 설령 불길 가득하여도　設滿世界火 ^{설 만 세 계 화}

이 불길을 뚫고 나가 법문 들으면　必過要聞法 ^{필 과 요 문 법}

틀림 없이 부처님의 도를 이루어　會當成佛道 ^{회 당 성 불 도}

생사 속을 혜매는 이　제도하리라　廣濟生死流

부처님께서 아난에게 이르셨다.

"저 극락의 보살은 모두가 당연히 일생보처

보살(일생 뒤인 다음 생에 부처가 되는 이)들이니라. 그러나 스스로가 세운

본원이 중생을 위한 것이므로, 그 크나큰 서원

의 공덕으로 스스로를 장엄하고 일체 중생을

제도하여 해탈시키겠다고 한 보살들은 제외하

노라.

아난아, 극락세계에 있는 성문들이 몸에서

발하는 광명은 한 길(8척 약 2m)이지만, 보살들의 광

명은 1백 유순(4천 리)을 비추느니라. 그 보살들 중

에 두 보살이 가장 존귀한데, 두 보살의 위엄

있고 그윽한 광명은 삼천대천세계를 두루 비

추느니라."

아난이 부처님께 여쭈었다.

"두 보살님의 이름은 무엇입니까?"

부처님께서 이르셨다.

"한 분은 관세음보살(觀世音菩薩)이라 하고, 또 한 분은 대세지보살(大勢至菩薩)이라 하느니라. 이 두 보살은 이 사바세계에서 보살행을 닦다가 목숨이 다하자 몸을 바꾸어 저 극락세계에 태어났느니라."

왕생한 이가 누리는 즐거움

"아난아, 어떤 중생이든 극락세계에 태어나게 되면 모두가 삼십이상(三十二相)을 갖추고, 충만한 지혜로 모든 법에 깊이 들어가서 요긴하고 오묘한 뜻을 끝까지 추구하여 깨닫고, 걸림 없는 신통력과 밝고 예리한 육근(六根)을 갖게 되느니라.

그리고 아무리 둔한 근기를 지닌 이라도 법문을 듣고 깨닫는 음향인(音響忍)과 진리에 수순하는 유순인(柔順忍)의 이인(二忍)을 얻게 되고, 근기가 수승한 이는 불가사의한 무생법인(無生法忍)을 얻느니라.

또 저 보살들은 성불할 때까지 다시는 삼악도에 나는 일이 없고, 자재한 신통력으로 과거

생을 능히 아느니라.

다만 내가 사바세계에 태어난 것처럼, 일부러 타방의 오탁악세(五濁惡世)에 태어나 중생을 제도하는 이들은 제외하노라."

부처님께서 아난에게 이르셨다.

"아난아, 극락세계의 보살들은 아미타불의 위신력에 힘입어, 한 끼 밥을 먹는 사이에 시방의 헤아릴 수 없는 세계를 돌아다니며 부처님들을 뵙고 공경하고 공양하느니라.

이때 마음으로 생각하는 바에 따라 꽃·향·음악·일산·깃발 등의 수없이 많은 공양거리가 저절로 나타나는데, 이 세상에서는 볼 수 없는 진귀하고 미묘하고 수승하고 특이한 것들이니라.

보살들이 꽃 등을 여러 부처님과 보살과 성문 대중에게 뿌리면, 그 공양거리가 허공에서 아름다운 꽃일산으로 변화하여 찬란한 광명을 발하고, 모든 곳에 그 향기를 풍기느니라.

그 꽃일산은 주위의 둘레가 4백 리인 것이 있고, 점점 커져서 삼천대천세계를 모두 덮는 것도 있는데, 공양이 끝나면 차례대로 자연스럽게 사라지느니라.

그때 보살들은 한없이 기뻐하며 허공에서 천상의 음악을 함께 연주하고, 아름다운 음성으로 부처님의 공덕을 찬탄하는 노래를 부르며, 부처님의 법문을 듣고는 한없이 기뻐하느니라.

이렇게 부처님께 공양을 올린 보살들은 미처 한 식경이 지나기도 전에 홀연히 가볍게 날아서 본국인 극락으로 돌아오느니라."

부처님께서 아난에게 이르셨다.

"아난아, 아미타불은 성문과 보살 대중들을 위해 법을 설하실 때, 모두를 칠보 강당에 모이게 하여 진리의 가르침을 선양하고 오묘한 법을 설하시며, 법문을 들은 대중은 환희로움

속에서 마음이 열려 깨달음을 얻지 못하는 이가 없느니라.

이때 사방에서 미풍이 일어 보배 나무를 스치면 다섯 가지 음악 소리가 울려 퍼지고 아름다운 꽃들이 비 오듯이 흩날리나니, 이러한 자연의 공양이 끊이지 않느니라.

또한 천신들도 천상의 백천 가지 꽃과 향과 만 가지 음악으로 부처님과 보살과 성문 대중들에게 공양하나니, 차례대로 꽃과 향을 뿌리고 끊임 없이 여러 가지 음악을 연주하는 그때의 기쁨과 즐거움은 이루 다 말할 수가 없느니라."

부처님께서 아난에게 이르셨다.

"저 극락에 태어난 보살들은 법을 설하되 언제나 바른 법만을 설하고, 부처님의 지혜를 따르되 그릇됨이나 모자람이 없느니라. 그리고 극락에 있는 어떠한 물건에 대해서도 내 것이라는 마음이 없고 집착하는 마음이 없느니라. 그러므로 가고 오고 나아가고 머무름에 있어 조금도 마음에 걸리는 바가 없고 뜻과 같이 자유자재하니라.

또한 특별히 친하게 여기거나 멀리하는 이가 없고 너와 나의 구별이 없으며, 다툼도 시비도 없느니라. 대자비로 중생을 이익되게 하려는 마음이 가득하여 언제나 부드럽고 온화하게 대하거늘, 분하고 한스러운 마음이 어찌 있을 수 있겠느냐.

극락의 보살들은 번뇌를 떠났기에 늘 청정하고, 중생 제도에 싫증을 내거나 게으른 마음이 없으며, 평등한 마음[等心], 수승한 마음[勝心], 깊은 마음[深心], 안정된 마음[定心], 법을 사랑하는 마음[愛法心], 법을 즐기는 마음[樂法心], 법을 기뻐하는 마음[喜法心]을 지니고 있느니라.

이처럼 극락의 보살들은 온갖 번뇌를 소멸하고 삼악도를 멀리 떠나는 보살행을 닦아서 한량없는 공덕을 성취하느니라.

  그리고 보살들은 깊은 선정과 육신통(六神通)과 삼명(三明)을 얻고, 뜻을 칠각지(七覺支)에 두어 불법을 닦는 데 전념하느니라.
  그리하여 육안(肉眼)이 청정하고 밝아 분명하게 보지 못함이 없고, 천안(天眼)을 통달하여 보는 것이 한량이 없으며, 법안(法眼)으로 현상계의 이치를 관찰하여 도를 성취하고, 혜안(慧眼)으로 진리를 보아 능히 피안에 이르며, 불안(佛眼)을 갖추어서 법성(法性)을 깨닫느니라.

  또한 보살들은 걸림없는 지혜(無碍智)로 중생들을 위해 불법을 널리 설하며, 삼계(三界)가 본래 공이요 무소유임을 관찰하여 오로지 불법을 구하는 데만 뜻을 두고, 여러 가지 변재(辯才)(말솜씨)로 번뇌 때문에 생겨난 중생의 병을 없애 주느니라.

여래(如來)로부터 생겨난 법이 여여(如如)하다는 것을 잘 알고 있지만 중생을 제도하기 위해 갖가지 방편을 베풀며, 세속의 말을 좋아하지 않지만 정법을 설하는 것은 언제나 즐겨 행하느니라.

또 여러 가지 선행을 닦고 불도(佛道)를 숭상하며, 모든 것이 본래 적멸(寂滅)하다는 것을 깨달아 육신(肉身)과 번뇌를 함께 벗어났으므로, 심오한 불법을 듣게 되면 의혹이나 두려움 없이 언제나 잘 수행하느니라.

극락세계 보살의 대자대비는 깊고도 미묘하여 보살피지 않는 중생이 없나니, 일승법(一乘法)을 끝까지 밝혀서 피안(彼岸)에 이르도록 인도하느니라.

이렇듯 극락의 보살들은 이미 의혹의 그물을 끊었으며, 마음에서 우러나는 지혜로 부처님의 가르침을 남김없이 다 알 수 있느니라.

또한 보살들의 지혜는 큰 바다와 같고, 삼매는 수미산과 같고, 지혜광명은 해와 달보다 더

밝기 때문에, 청정하기 그지없는 불법을 원만하게 다 갖출 수 있게 되느니라.

　　실로 극락의 보살들은
① 설산과 같아서 모든 공덕을 평등하게 비추며
② 대지와 같아서 청정하고 더럽고 좋고 나쁜 것에 대한 차별심이 없으며
③ 청정한 물과 같아서 번뇌와 모든 때를 씻어내며
④ 타오르는 불과 같아서 일체 번뇌의 나무들을 태워 없애며
⑤ 큰 바람과 같아서 어느 곳을 다녀도 걸림이 없으며
⑥ 허공과 같아서 모든 존재에 대한 집착이 없으며
⑦ 연꽃과 같아서 세간의 더러움에 오염됨이 없으며
⑧ 큰 수레(大乘)와 같아서 많은 중생들을 태워

생사의 바다를 벗어나게 하며

⑨ 짙은 구름과 같아서 법의 우레를 떨쳐 중생을 깨우쳐 주며

⑩ 큰비와 같아서 감로수와 같은 법을 내려 중생들을 윤택하게 하며

⑪ 금강산과 같아서 마구니와 외도들이 방해를 하지 못하며

⑫ 범천의 왕과 같아서 모든 훌륭한 법 가운데 으뜸이 되며

⑬ 니구류尼拘類 나무와 같아서 아주 큰 그늘을 만들어주며

⑭ 우담발라화와 같아서 드물고 고귀하고 만나기 어려우며

⑮ 금시조金翅鳥와 같아서 위신력으로 외도外道들을 조복시키며

⑯ 옮겨 다니는 철새와 같아서 모아 두거나 쌓아 두는 것이 없으며

⑰ 황소의 왕과 같아서 능히 모든 것을 이기며

⑱코끼리의 왕과 같아서 삿된 무리들을 잘 조복 시키며

⑲사자의 왕과 같아서 두려워하는 바가 없느니라.

보살은 마음의 넓이가 허공과 같아서 대자비를 모든 중생에게 평등하게 베풀며, 질투심을 모조리 꺾어 없앴으므로 남을 이기려고 하지 않으며, 오직 불법을 즐거이 구할 뿐 싫어하는 마음이 없으며, 언제나 법을 널리 설할 뿐 피로해 하거나 싫증을 내지 않느니라.

보살들은 법의 북을 치고(擊法鼓 격법고) 법의 깃발을 세우고(建法幢 건법당) 지혜의 태양을 비추고(曜慧日 요혜일) 중생들의 어리석음을 제거하며(除癡暗 제치암), 6화경(六和敬 신화경 구화경 의화경 계화경 견화경 이화경 身和敬 口和敬 意和敬 戒和敬 見和敬 利和敬)을 닦고 법보시(法布施)를 행하면서 용맹스럽게 정진할 뿐, 물러나거나 나약한 마음을 갖지 않느니라.

또 보살들은 세상의 등불이 되고(爲世燈明 위세등명) 가장 뛰어난 복전이 되고[最勝福田] 언제나 중생을 인도하는 스승이 되나니[常爲導師], 그들은 늘 평등하여 특별히 미워하거나 사랑하는 이가 없고, 오직 정도만을 좋아할 뿐 기쁨도 시름도 없느니라.

또한 중생의 칼날 같은 탐욕을 뽑아내어 안락하게 하는 공덕과 지혜가 수승하므로 존경하지 않는 이가 없느니라.

보살들은 삼구장[三垢障](탐욕·성냄·어리석음의 삼독으로 인한 장애)을 없애고 온갖 신통에 자재하며, 원인의 힘[因力]·연의 힘[緣力]·의지의 힘[意力]·서원의 힘[願力]·방편의 힘[方便力]·변함이 없는 힘[常力]·선의 힘[善力]·선정의 힘[定力]·지혜의 힘[慧力]·법문을 많이 들은 힘[多聞力], 육바라밀[六波羅蜜]인 보시·지계·인욕·정진·선정·지혜의 힘, 바르게 생각하고 바르게 관찰하는 힘과 육신통과 삼명의 힘[正念正觀 諸通明力], 중생을 법답게 다스려 조복 시키는 힘[如法調伏 諸衆生力] 등을 모두 갖추고 있느니라.

또한 극락의 보살들은 그 몸의 빛[身色]과 상
호와 공덕과 변재를 두루 원만하게 갖추었기
때문에 어느 누구도 비교를 할 수 없으며, 그
리고 한량없는 부처님들을 언제나 공경하고
공양하기 때문에 부처님들로부터 늘 칭찬을
받느니라.

보살은 모든 바라밀을 끝까지 수행하고 공
삼매·무상삼매·무원삼매와 나고 멸함이 없는
불생불멸 등의 삼매들을 닦아서, 성문과 연각
의 경지를 멀리 떠나느니라.

아난아, 저 극락의 보살들이 성취한 공덕은
한량이 없지만, 지금 너를 위해 간략히 말한
것이요, 자세히 말하고자 하면 백천만 겁 동안
에도 다할 수가 없느니라.”

제4장 세간의 업과 괴로움

번뇌로 인한 괴로움

부처님께서 미륵보살과 천신과 인간들에게 이르셨다.

"극락세계에 있는 성문과 보살들의 공덕과 지혜는 이루 다 말할 수 없고, 극락의 미묘함과 안락함과 청정함도 다 말할 수 없느니라.

그런데도 어찌하여 힘써 선(善)을 행하고 도(道)에 순응하면서 상하 귀천이 없고 막힘이 없는 극락왕생의 삶을 구하지 않는 것인가?

각자가 극락왕생을 위해 부지런히 정진하고 노력하면 반드시 윤회의 고리를 끊고 극락에 왕생하여, 단번에 오악취(五惡趣)(지옥·아귀·축생·아수라·인간세계)와의 인연이 끊어지고 나쁜길이 저절로 폐쇄되어 성불의 길에 오르게 되느니라.

이 극락세계에 가는 것은 쉬우나 가고자 하

는 사람이 없다. 극락으로 가는 것은 어느 누구도 방해하지 못하나니, 아미타불의 원력에 이끌려서 저절로 가기 때문이니라.

어찌하여 세상 일에 취한 채, 부지런히 수행하여 성불의 공덕을 구하려 하지 않는가? 극락에 왕생하면 수명이 한량없고 즐거움 또한 끝이 끝없느니라.

세상 사람들이여, 경박한 마음으로 중요하지 않은 일에 골몰하거나 서로 다투면서, 세상의 모진 죄악과 큰 고통 속에서 스스로를 피곤하게 만드는 일을 하며 급급하게 살지 말지어다.

신분이 귀하고나 천하거나, 가난하거나 부유하거나, 젊었거나 늙었거나, 남자이거나 여자이거나 할 것 없이 모두가 돈과 재물 때문에 시름하나니, 가진 자 못 가진 자할 것 없이 두렵고 불안하고 근심하고 고통스러운 생각들이 자꾸 쌓이는데도 마음이 헛된 욕심을 좇아다니기 때문에 편안하게 살 수가 없느니라.

논밭이 있으면 논밭 때문에 걱정하고, 집이 있으면 집 때문에 걱정하고, 소나 말 등 가축이나 노비·돈·재물·옷·음식·세간살이에 이르기까지 이것저것 근심 걱정 아닌 것이 없으며, 두렵지 않은 것이 없느니라.

또 재물을 뜻밖의 물난리로 떠내려 보내거나 화재로 태워버리기도 하고, 도둑이나 원한이 있는 이나 빚쟁이를 만나 빼앗기기도 하나니, 이렇게 재물이 흩어져 없어지면 답답하고 분하여 가슴에 응어리가 맺히고, 분한 마음에 근심과 괴로움에서 헤어나지 못하느니라.

그러다가 재난 등으로 몸이 상하고 목숨이 다하면 모든 것을 고스란히 버리고 떠나야 하나니, 존귀하고 부귀한 사람일지라도 이와 같은 근심과 두려움은 끝이 없어서, 마치 오한과 신열이 오락가락하는 병에 걸렸을 때의 괴로움과 같으니라.

그리고 가난하고 천한 사람은 항상 가진 것이 없어서 근심하나니, 밭이 없으면 밭을 갖기 위해 근심하고, 집이 없으면 집을 갖기 위해 근심하며, 소와 말 등의 가축과 노비·돈·재물·옷·음식과 세간살이가 없으면 그것들을 갖기 위해 근심을 하느니라.

뿐만이 아니다. 한 가지가 있으면 다른 하나가 부족하고 이것이 있으면 저것이 부족하여 이것저것을 다 가지려고 애를 쓰게 되며, 어쩌다가 다 갖추게 되기도 하지만 곧 다시 잃고 마느니라.

이와 같이 걱정하고 괴로워하면서 구하고 찾지만 그때마다 얻을 수 있는 것이 아니니, 생각을 해본들 별 이익이 없고 몸과 마음만 피로할 뿐 앉으나 서나 불안과 근심걱정이 끊이지 않나니, 마치 오한과 신열이 오락가락하는 병에 걸렸을 때와 같으니라.

그리고 때로는 돈과 재물 때문에 몸을 상하고 목숨을 잃기도 하나니, 평소에 착한 일을 행하거나 도를 닦거나 공덕을 쌓지 못하고 죽게 되면, 홀로 저승길에 올라 악도로 나아가지만, 어느 곳이 좋고 나쁜지조차 모른채 가게 되느니라.

세상 사람들이여, 부모·자식·형제·부부 등의 가족과 친척들끼리 서로 공경하고 사랑할 뿐, 서로 미워하거나 시기하거나 질투를 하지 말라. 가진 것이 있건 없건 서로 도우며 살고, 탐하거나 인색하지 말지며, 말과 얼굴을 항상 부드럽게 하여 서로를 거스르지 않아야 하느니라.

때때로 서로 다투어서 화내고 원망하는 마음이 남게 되는 경우가 있는데, 현세에서는 원망하고 미워하는 정도가 사소하게 보일지라도, 내세에는 그 마음이 커져서 큰 원수가 되고 마느니라.

  그 까닭이 무엇인가? 현세에서는 잠깐씩 서로를 미워하고 괴롭혀도 당장 사이가 깨어지지 않지만, 독을 품고 노여움과 분한 마음을 담고 살면 자연히 깊이 새겨져서, 다음 생에는 서로가 같은 세상에 태어나 크게 앙갚음을 하기 때문이니라.

  사람은 세간의 애욕 속에서 홀로 태어나고 홀로 죽으며 홀로 가고 홀로 오느니라. 자기가 지은 과보따라 괴로움과 즐거움을 스스로 감당할 뿐 어느 누구도 대신해 줄 이가 없으며, 선과 악이 복덕과 재앙으로 변화하여 서로 다른 과보를 나타내나니, 과거에 쌓은 업을 홀로 받아 업에 맞는 처소로 어김없이 나아가게 되는 것이니라.

  아무리 친한 사이라도 업보에 따라 가는 길이 다르면 언제 다시 만날지 기약할 수 없으니

어찌 서글프고 심란하지 않겠는가? 실로 다시 만나기는 참으로 어렵느니라.

그런데도 어찌하여 속세의 덧없고 비루한 일들을 버리지 않는 것이며, 젊고 몸이 건강할 때 열심히 선을 닦고 부지런히 정진하여 고해^{苦海}를 벗어나려 하지 않는 것인가? 어찌하여 영원한 생명을 얻는 도를 구하지 않는 것인가? 도대체 이 세상에서 무엇을 기대하며 어떤 즐거움을 바라고 있는 것인가?

세상 사람들이여, 선을 행하면 좋은 과보를 받고, 도를 닦으면 도를 얻으며, 사람이 죽으면 다시 태어난다는 것과, 은혜를 베풀면 복을 받는다는 것을 믿어야 하느니라.

선과 악에 따른 인과를 믿지 않고 부정을 하기 때문에 복을 받지 못하거늘, 스스로가 지닌 인과에 대해 잘못된 견해를 옳다고 고집하면서, 앞사람은 뒷사람들이 똑같이 행하도록 가르치고 아버지는 자식에게 교훈으로 남기려 하느니라.

선을 행하지 않고 도덕을 알지 못하는 앞사람은 행동이 어리석고 정신이 어둡고 마음이 막히고 뜻이 닫혀 있기 때문에, 나고 죽는 생사의 이치와 선악의 도리를 스스로 알 수가 없느니라. 그리하여 길흉화복(吉凶禍福)의 업을 다투듯이 짓고 지은대로 받는 것이니, 조금도 괴이할 것이 없느니라.

태어났으면 죽는다는 것은 불변의 도리요 영원히 계속되는 것이니라. 어떤 부모는 자식을 잃어 통곡하고, 자식은 부모가 죽어 통곡하며, 형제와 부부들도 서로 통곡을 하지만, 죽음에는 위아래도 없고 차례도 없다는 것이 무상(無常)의 뿌리요 근본이니라.

모든 것은 빨리 흘러가기 때문에 언제까지나 보전되지 않는다는 것을 이 무상이 가르치고 깨우쳐 주지만, 믿지 않기 때문에 생사 속을 흘러다닐 뿐 멈출 줄을 모르느니라.

이와 같은 사람은 어리석고 어두워서 옳고 그름을 분별하지 못하고, 경전의 가르침을 믿지 않느니라. 멀리 내다보는 지혜가 없어 눈앞의 쾌락만을 추구하기 때문에, 애욕에 미혹되어 도와 덕을 깨닫지 못하고, 분노 속으로 빠져 들거나 굶주린 이리와 같이 재물과 색을 탐하느니라.

이로 인해 도를 얻지 못하여 다시 삼악도의 괴로움에 빠지는 생사윤회를 되풀이하게 되나니, 참으로 애통하고 가련하기 그지없느니라.

어떤 때는 부모·자식·형제·부부 중에 한 사람은 죽고 한 사람은 살아 남으면, 애통함과 슬픔과 그리움과 근심 속에 빠져들어 잊지 못하고, 날이 가고 해가 가도 맺힌 마음이 풀어지지 않느니라.

그러므로 참된 도리를 가르쳐 주어도 마음이 닫혀 있어 밝아지지가 않고, 죽은 이의 은혜와 애정만을 생각하면서 욕정을 여의지 못하며, 혼미하고 답답하고 어리석은 미혹만이 가득해질 뿐이니라.

따라서 깊이 생각하여 헤아리지를 못하고, 스스로의 마음을 가다듬어 도를 닦지 못한 채, 세상 일로 우왕좌왕하다가 죽음에 이르게 되나니, 생명이 다하면 도를 얻고자 하여도 어찌할 도리가 없느니라.

세상이 혼탁하고 어지러워서 모두가 애욕을 탐하게 되면, 도를 의심하는 이만 많고 진리를 깨닫는 이가 적어서, 부질없이 바쁘기만 할 뿐 세상에서 믿고 의지할 만한 것이 없게 되느니라.

貧富貴賤한 이와 어른아이할 것 없이, 모두가 부지런히 애쓰고 고생하면서 제각기 표독스러움을 품게 되나니, 그 악한 기운이 마침내 도리를 거스르기 때문에 큰 재앙을 일으키게 되느니라.

천지(天地)의 도리를 거역하고 인간의 도리를 따르지 않으면 그릇된 악업을 앞 다투어 짓게 되며, 그것이 쌓이고 쌓이면 극악한 죄업의 결과만이 기다릴 뿐이니라.

그리하여 수명이 다하기도 전에 별안간 그 목숨을 빼앗아 악도(惡道)에 떨어뜨리고, 생사를 거듭하면서 지독한 괴로움을 받되, 그 악도들 속에서 돌고 돌아 수천억 겁을 지나도 벗어날 기약이 없으니, 심히 가련하고 불쌍할 뿐이로다."

극락왕생을 서원하라

부처님께서 미륵보살과 천신과 인간들에게 이르셨다.

"나는 지금까지 너희에게 세상의 일에 대해 말하였느니라. 사람들은 이러한 세상의 일에 얽매여서 도를 얻지 못하나니, 마땅히 깊이 생각하고 잘 헤아려서 모든 악업을 멀리 하고 선업을 선택하여 부지런히 실천해야 하느니라.

애욕과 영화로움은 항상 보존할 수 있는 것이 아니라 덧없이 흩어지고 마는 것이니, 가히 즐거워할 것이 없느니라. 다행히 부처님이 세상에 계실 때를 만났으니, 마땅히 부지런히 정진할지니라.

지극한 마음으로 극락정토에 왕생하기를 바라는 이는 밝은 지혜를 통달하게 되고, 수승한 공덕을 성취할 수 있느니라. 그러므로 욕심대로 행동하지 말고, 부처님의 가르침을 거역하지 말 것이며, 옳은 일을 할 때는 남에게 뒤쳐지지 말지어다.

만약 이에 대해 의심나는 점이 있거나 이해를 잘할 수가 없다면 반드시 나에게 물어라. 마땅히 자세히 말하여 주리라.”

미륵보살이 무릎을 꿇고 예를 올린 다음 아뢰었다.

"부처님의 위신력은 매우 높고 말씀은 참으로 명쾌하고 거룩하십니다. 부처님의 가르침을 듣고 세상 사람들을 생각해보니, 부처님께서 말씀하신 바와 조금도 다르지 않나이다.

이제 부처님께서 자비로운 마음으로 대도_{大道}를 밝게 보여주셨기에, 저는 귀와 눈이 밝게 열려 해탈을 얻을 수 있게 되었나이다. 부처님의 설법을 듣고 환희하지 않는 이가 어디 있겠습니까? 천신과 인간은 물론이요, 미물들까지도 자비하신 은혜를 입고 근심과 괴로움에서 해탈하게 될 것이옵니다.

부처님께서 설하신 가르침은 매우 깊고 거룩하며, 지혜의 광명으로 시방의 모든 세계와 과거 미래 현재의 모든 것을 추호도 살피지 못하는 바가 없나이다.

이제 저희가 제도를 받게 된 것은 부처님께서 전세_{前世 (과거세상)}에 도를 구할 때 온갖 괴로움을 겸허하게 참아 내신 덕분이옵니다.

그 은혜는 세상을 두루 덮고, 복과 덕은 태산보다 높으며, 그 광명은 사무치게 밝아 중생으로 하여금 공(空)의 이치를 통달하게 하여 열반에 들게 하옵니다. 그리고 때로는 경전을 가르치고 때로는 위엄으로 제압하여 교화하시니, 시방세계가 감동함은 끝이 없나이다.

진리의 왕이시며 성인들 중에 가장 뛰어나고 모든 천신과 인간의 스승이신 부처님께서는 중생들의 근기를 살펴 모두가 도를 얻을 수 있게 하시옵니다.

이제 저희는 부처님을 만나 뵈었을 뿐만 아니라, 아미타불에 대한 말씀까지 듣게 되었으니, 어찌 기뻐하지 않을 수 있겠습니까? 저희는 부처님의 은혜로 마음이 열리고 광명을 얻게 되었나이다.”

부처님께서 미륵보살에게 이르셨다.
“너의 말이 옳도다. 누구든지 부처님을 따르

고 공경하면 큰 선근 공덕을 얻게 되느니라. 부처님이 이 세상에 출현함은 매우 드문 일인데, 지금 내가 이 세상에서 부처가 되어 불법을 설하고 깨달음의 가르침을 널리 펴서, 온갖 의혹의 그물을 끊고 애욕의 뿌리를 뽑아 모든 악의 근원을 막았으며, 삼계 속에서 중생을 제도하는 데 있어 조금도 걸림이 없느니라.

내가 설한 이 법문은 모든 진리의 정수요 가장 요긴한 지혜로, 자세하고 틀림이 없다. 내 이제 지옥·아귀·축생·인간·천상의 중생들에게 이 가르침을 베풀어서, 아직 깨달음을 얻지 못한 이들을 제도하여 생사를 여의고 열반의 길로 인도하고자 하노라.

미륵아, 마땅히 알아라. 너는 헤아릴 수 없는 오랜 겁 동안 보살행을 닦아 중생들을 제도하였으니, 너로 말미암아 도를 얻고 열반에 이른 이들이 한량없이 많으니라.

너를 비롯한 시방의 여러 천신과 인간과 사
부대중들은 한량없는 세월동안 지옥·아귀·축
생·인간·천상의 오도(五道)를 윤회하면서, 걱정하고
두려워하고 고통을 받은 것은 말로 다 할 수
조차 없고, 금생에서도 아직 생사를 끊지 못하
고 있느니라.

그런데 지금 부처님을 만나 법문을 듣고 아
미타불에 대해 알게 되었으니, 어찌 기쁘고 통
쾌한 일이 아니겠느냐?

내 이제 너희의 기쁨을 더해 주고자 하노니,
너희는 먼저 나고 죽는 괴로움과 늙고 병드는
고통부터 싫어해야 하느니라.

이 세상은 죄악이 넘치고 부정하여 진정한
즐거움이 없는 곳이니, 모름지기 몸을 단정히
하고 마음을 바르게 가져서 더 많은 선행을
짓도록 하라.

스스로를 다스려 몸을 청결히 하고 마음의
때를 없애며, 말과 행동을 성실히 하고 겉과

속을 다르지 않게 해야 하느니라. 또 스스로를 제도할 뿐 아니라 남들도 구제해야 하나니, 밝은 정신으로 깨달음을 구하고 서로 권하면서 선근을 쌓도록 하라.

비록 한 생 동안은 수고롭고 힘들지라도 그 생은 잠깐 사이에 지나가고, 다음 생에 아미타불의 극락세계에 태어나서 누리는 유쾌함과 즐거움은 한량이 없나니, 도와 덕이 깊은 생활을 하면서 생사의 뿌리를 영원히 뽑고, 탐욕과 분노와 어리석음으로 인한 괴로움과 번뇌와 근심을 없앨 수 있게 되느니라.

그리고 1겁 또는 1백 겁, 천만억 겁을 살려고 하면 뜻에 따라 자유자재로 수명을 얻게 되며, 함이 없이 저절로 이루어지는 무위無爲의 도를 얻어 안락한 열반의 경지에 이를 수 있느니라.

너희는 모름지기 스스로 정진하여 심중의 소원을 이룰지니라. 공연히 의심을 일으켜서

도중에 후회하고 그만두면, 그것이 허물이 되어 극락의 변두리에 있는 칠보 궁전에 태어나서 5백 년 동안이나 여러가지 액난을 받아야 하느니라."

미륵보살이 부처님께 아뢰었다.

"부처님의 간곡하신 가르침을 오로지 정성을 다해 닦고 배우고 받들어 행할 뿐, 결코 의심하지 않겠나이다."

오악五惡으로 인한 괴로움

부처님께서 미륵보살에게 이르셨다.

"너희가 이 세상에서 마음과 뜻을 바르게 하여 악한 짓을 하지 않으면 매우 훌륭한 공덕을 이루게 되나니, 시방에서 가장 뛰어나 무엇과도 비교할 수 없느니라.

그 까닭이 무엇인가? 모든 불국토의 천신과 인간들이 스스로 선한 일만을 실천하고 나쁜 짓을 하지 않게 되면 교화하기가 아주 쉽기 때문이니라.

이제 내가 이 세상에서 부처가 되어 오악(五惡)(다섯 가)지 악행) 과 오통(五痛)(오악을 짓는 이가 받는 다섯 가지 고통)과 오소(五燒)(죽은 다음 삼악도에서 받는 다 섯 가지 불에 타는 듯한 고통) 속에 빠져 있는 중생들을 교화하여, 오악을 버리게 하고 오통을 벗게 하고 오소를 떠나게 하고자, 그들의 마음을 달래어 오선(五善)(오계 五戒)을 닦게 함으로써, 복덕(福德)과 해탈(解脫)과 장수(長壽)와 열반(涅槃)을 성취하게 하려 하노라."

부처님께서 이르셨다.

"그럼 무엇이 오악이고, 무엇이 오통이며, 무엇이 오소인가? 무엇이 오악을 없애고 오선(五善)을 닦아 복덕과 해탈과 장수와 열반을 성취할 수 있게 하는 길인지에 대해 말하리라."

첫 번째 악 – 살생

부처님께서 이르셨다.

"첫번째 악은 다음과 같으니라.

천신과 인간들을 비롯하여 미물인 곤충에

이르기까지 모두가 악한 일을 지으려고 하나니, 강한 자는 약한 자를 억누르고, 다시 서로서로가 해치고 죽이고 번갈아 가며 서로 물어뜯으면서, 선한 일은커녕 극악무도한 짓을 일삼아 재앙과 벌을 받게 되며, 죽어서는 악도에 떨어져 한량없는 괴로움을 당하게 되느니라.

천지(天地)의 신명(神明)들은 죄를 범한 자를 기억하여 용서하지 않기 때문에 가난한 이와 천한 이, 고독한 이, 거지·귀머거리·장님·벙어리·바보와 포악한 이·미치광이·장애인 등이 있게 되는 것이니라.

이와는 달리 존귀한 이, 부유한 이, 지혜로운 이, 재주 있고 명철한 이들은 과거 세상(宿世)에서 자비심과 효순심(孝順心)으로 선을 행하고 복덕을 쌓은 과보이니라.

세상에는 언제나 지켜야 할 법도가 있고, 나라에는 국법과 감옥이 있나니, 그것을 두려워하지 않고 나쁜 짓을 하게 되면 재앙과 벌을 받게 되느니라. 그때가 되어 벗어나고자 하면 벗어나기 어려우니, 이것은 세상에서 흔히 일어나는 일이요 눈앞에서 자주 볼 수 있는 일이로다.

그런데 수명이 다한 뒤의 세상에서 받는 괴로움은 더욱 심각하고 더욱 지독하나니, 저 어두운 저승(幽冥)에서 받게 되는 고통을 이 세상 일에 비유하면, 국법에 의해 지독한 형벌을 받는 것과 같으니라.

피할 수 없는 삼악도의 한량없는 고통을 받되, 몸을 바꾸고 모습을 바꾸면서 이곳 저곳 여러 처소에 태어나나니, 수명은 길어졌다가 짧아졌다가 하고, 영혼은 그 업보의 몸을 계속 따라가느니라.

당연히 태어날 때는 혼자이지만, 전생의 원한이 있으면 서로 같은 곳에 태어나서 보복하기를 그치지 않으며, 그 악업이 다하지 않으면 서로 헤어질래야 헤어질 수조차 없느니라. 이처럼 악도를 전전하되 벗어날 기약조차 없는데, 고통만은 말로 다할 수가 없느니라.

　하늘과 땅 사이에는 인과라는 자연의 도리가 있나니, 비록 선과 악을 행하였을 때 즉시 그 결과가 나타나지 않는다 할지라도, 선과 악의 과보는 반드시 받고야 마느니라.
　이것이 첫번째 대악(大惡)이요 첫번째 통(痛)(고통)이요 첫번째 소(燒)(불길)이니, 힘겹고 고통스러움을 비유하면 큰 불로 사람의 몸을 태우는 것과 같으니라.
　그러나 이러한 가운데서도 일심으로 삿된 생각을 억누르고 몸과 행동을 바르게 하여 선한 일을 하고 악한 짓을 하지 않게 되면 능히 악도를 벗어날 뿐 아니라, 그 복덕으로 해탈을 하거나 천상에 태어나거나 열반의 도를 성취하게 되나니, 이것을 첫번째 대선(大善)이라고 하느니라."

두 번째 악 - 삿됨과 도둑질

부처님께서 이르셨다.

"두번째 악은 다음과 같으니라.

세상에는 부모·자식, 형제·부부·친족 사이에 전혀 의리가 없고 법도를 따르지 않으며, 사치하고 음란하고 교만하고 방종하며, 자신의 쾌락만을 생각하면서 마음 내키는대로 행동하며, 서로를 속이고 미혹하게 하며, 마음과 말이 다르고 말과 생각에 진실함이 없는 이들이 있느니라.

또 신하들 중에는 아첨만 하고 충성을 하지 않으며, 말을 꾸며서 하고 어진 이를 질투하며 착한 이를 비방하여 원망스러운 처지에 빠뜨리는 이들이 있노라.

만약 임금이 밝은 안목 없이 신하를 등용하게 되면, 신하는 자기 뜻대로 계책을 꾸며 여러 가지 일을 벌이면서 임금의 눈치를 살피고 적당히 행동하느니라. 임금의 자리에 있어도 바른 것이 무엇인지를 알지 못하면 속임을 당하게 되고, 비록 충성스러운 신하가 있다 할지라도 그 어진 신하를 잃게 되어 천심(天心)이 저버리고 마느니라.

신하가 임금을 속이는 것처럼, 자식이 어버이를 속이고 형제·부부·친척·벗들이 서로 속이면서 탐욕과 분노와 어리석은 마음으로 자신의 이익을 많이 가지고자 애를 쓰느니라. 귀한 이나 천한 이나 아랫사람 윗사람의 마음이 모두 그러하여 마침내는 가정을 망치고 몸을 망칠 뿐아니라, 집안 모두가 멸족이 되는 경우도 있느니라.

어떤 이는 가족·친구·마을 사람 중에 어리석은 사람들끼리 일을 도모하다가, 이해관계가 엇갈리면 화를 내고 원한을 품느니라.

어떤 이는 부자이면서도 인색하여 베풀지 않을 뿐더러, 보물을 좋아하고 욕심을 부리다가 마음과 몸이 점점 더 수고롭고 고달파지며, 마침내는 믿고 의지할 곳이 없어지느니라.

인간은 혼자 왔다가 혼자서 가게 될 뿐 따라가는 이가 없지만, 선과 악의 결과로 나타나는 화(禍)와 복(福)만은 몸을 받을 때마다 따라다니기 때문에 어떤 이는 즐거운 곳에 태어나고 어떤 이는 고통 속에 빠져드나니, 나중에 후회를 한들 결코 되돌릴 수가 없느니라.

세상 사람들은 어리석고 지혜가 없어서, 착한 이를 미워하고 비방할 뿐 그를 사모하거나 따르려 하지 않으며, 오히려 악하게 굴고 도리에 어긋나는 짓을 하느니라.

또 어떤 이는 항상 도둑의 마음을 품고 남의 것을 탐내나니, 자신의 재물이 있으면 탕진하여 없애 버리고 다시 재물을 찾고 구하고자 하느니라.

이렇게 삿된 마음(邪心)을 가지고 있어 바르지가 못한 이들은 항상 두려움을 품고 남의 눈치만 살피며, 앞일을 미리 헤아리지 않기 때문에 일을 당하고서야 비로소 후회를 하느니라.

도둑질을 하면 금생에서는 현재의 국법에 따라 재앙과 벌을 받나니, 전생에 도(道)와 덕(德)을 닦지 않고 선을 행하지 않았기 때문에 금생에 다시 악한 일을 저지르게 된 것이니라.

천신들은 그 죄를 조금도 빠뜨리지 않고 명부에 기록하나니, 목숨이 다하여 영혼이 떠나면 삼악도에 떨어져서 한량없는 괴로움과 번뇌를 겪게 되고, 여러 겁 동안 악도를 윤회하되 벗어날 기약조차 없는데, 그 고통만은 말로 다할 수 없느니라.

이것이 두번째 대악(大惡)이요 두번째 통(痛)이요 두번째 소(燒)이니, 고통스러움을 비유하자면 큰 불로 사람의 몸을 태우는 것과 같으니라.

그러나 이러한 가운데서도 일심으로 삿된 생각을 억누르고 몸과 행동을 바르게 하여 선한 일을 하고 악한 짓을 하지 않게 되면 능히 악도를 벗어날 뿐 아니라, 그 복덕으로 해탈을 하거나 천상에 태어나거나 열반의 도를 성취하게 되나니, 이것을 두번째 대선(大善)이라고 하느니라."

세 번째 악 – 음란함

부처님께서 이르셨다.

"세번째 악은 다음과 같으니라.

세상의 중생들은 서로서로 기대고 의지하며 하늘과 땅 사이에서 살고 있는데, 그들이 누리는 수명은 얼마 되지가 않느니라.

또 현명하고 덕이 있고 존귀하고 부유한 이는 위에 있고, 가난하고 천하고 장애가 있고 어리석은 이들은 아래에 있느니라.

그리고 그들 중에는 항상 삿된 마음을 품고 있는 악인이 있나니, 그는 애욕의 번뇌가 가슴 속에 가득 차 있고, 앉으나 서나 음란한 생각이 어지럽게 얽혀 편안하지가 않느니라.

그는 탐하고 취하고자 하는 생각을 품고 미색을 갖춘 이성에게 곁눈질을 하고 삿된 행동을 멋대로 하며, 자기 배우자를 싫어하고 멀리하면서 다른 이성과 남 모르게 관계하여 재산을 낭비하고 법도를 어기느니라.

또 사교 모임을 만들어 서로 싸우고 겁탈하고 때리고 강탈하는 무도한 짓을 하느니라.

그리고 삿된 마음이 가득하여, 스스로는 일을 하지 않고 남의 재물을 탐내어 도둑질을 하거나 사기를 쳐서 어느 정도 이익을 얻게 되면, 더욱 애욕에 묶여 사느니라. 이러한 이는 언제나 두려움을 느끼면서도 공갈 협박으로 다른 이의 재물을 빼앗아 가족을 먹여 살리느니라.

방자한 마음으로 온몸을 다 바쳐서 쾌락을 쫓고, 친족이나 위아래 사람을 가리지 않고 음란한 짓을 하므로, 가족과 주위 사람들 모두가 걱정하고 고통스러워하지만, 그는 국법조

차도 두려워하지 않느니라.

이처럼 사악한 이는 인간뿐만 아니라 귀신에게도 알려지고, 해와 달도 밝게 보고 있으며, 천지신명도 기억하느니라. 그러다가 목숨이 다하면 삼악도에 떨어져서 한량없는 괴로움과 번뇌를 겪게 되고, 여러 겁 동안 악도를 윤회하되 벗어날 기약조차 없는데, 그 고통만은 다 말할 수가 없느니라.

이것이 세번째 대악(大惡)이요 세번째 통(痛)이요 세번째 소(燒)이니, 힘겹고 고통스러움을 비유하자면 큰 불로 사람의 몸을 태우는 것과 같으니라.

그러나 이러한 가운데서도 일심으로 삿된 생각을 억누르고 몸과 행동을 바르게 하여 오로지 선한 일을 하고 악한 짓을 하지 않게 되면 능히 악도를 벗어날 뿐 아니라, 그 복덕으로 해탈을 하거나 천상에 태어나거나 열반의 도를 성취하게 되나니, 이것을 세번째 대선(大善)이라고 하느니라."

부처님께서 이르셨다.

"네번째 악은 다음과 같으니라.

세상의 사람들은 선을 행할 생각을 하지 않고, 오히려 서로 가르쳐 함께 악행을 저지르면서 이간질하고[兩舌] 욕하고[惡口] 거짓말하고[妄語] 이상한 말을 하며[綺語], 남을 비방하고 싸우며, 착한 이를 미워하고 질투하며, 현명한 이를 무너뜨리느니라.

또 자기 부부끼리만 즐기고자 부모에게 불효하고 스승과 어른을 섬기는 일을 소홀히 하며, 친구 사이에도 신의가 없어 성실함을 인정받지 못하며, 높은 자리에 오르면 잘난 척하면서 함부로 위세를 부리고 남을 업신여기느니라.

이러한 이는 스스로가 그렇다는 것을 잘 모르기 때문에 악한 짓을 저지르고도 부끄러워하지 않고, 스스로를 강하다고 여기면서 다른 사람이 공경하고 어려워하기를 바라느니라.
또한 천지신명과 해와 달을 두려워하지 않고
선한 일을 하려 하지 않기 때문에 제도하고
교화하기가 참으로 어렵나니라.

방자하여 항상 자신이 옳다고 생각하기 때
문에 근심과 두려움 없이 늘 교만하게 지내지
만, 그의 모든 악을 천신들은 기억하고 있느니
라.

전생에 지은 복덕에 의해 지금은 조그마한
선을 겨우 부지하고 보호받으며 지내지만, 금
생의 악행으로 복덕이 다 소진되어 버리면
선신善神들이 그를 떠나게 되므로 홀로 남아 의지
할 데를 찾지 못하느니라. 그러다가 목숨이 다
하면 자연히 자신이 지은 악업만이 남게 되어
삼악도에 떨어지느니라.

그의 이름과 죄업을 기록한 것이 신명들에게
있으므로, 지은 죄로 인한 재앙이 그를 끌어당
겨 악도에 떨어지며, 업보가 다할 때까지 벗어

날 길이 없으니, 전생에 지은 과보로 불가마 속에 끌려 들어가 몸과 마음이 다 망가지고 고통스럽기 짝이 없느니라. 그때를 당하여 후회한들 되돌릴 수 있겠는가?

천지 자연의 도리는 조금도 어긋남이 없는 것이니, 죄업을 지으면 자연히 삼악도에 떨어져서 한량없는 괴로움과 번뇌를 겪게 되고, 여러 겁 동안 악도를 윤회하되 벗어날 기약조차 없는데, 그 고통만은 다 말할 수가 없느니라.

이것이 네번째 대악(大惡)이요 네번째 통(痛)이요 네번째 소(燒)이니, 힘겹고 고통스러움을 비유하자면 큰 불로 사람의 몸을 태우는 것과 같으니라.

그러나 이러한 가운데서도 일심으로 삿된 생각을 억누르고 몸과 행동을 바르게 하여 오로지 선한 일을 하고 악한 짓을 하지 않게 되면 능히 악도를 벗어날 뿐 아니라, 그 복덕으로 해탈을 하거나 천상에 태어나거나 열반의 도를 성취하게 되나니, 이것을 네번째 대선(大善)이라고 하느니라."

다섯 번째 악 - 게으름과 방탕함

부처님께서 이르셨다.

"다섯번째 악은 다음과 같으니라.

세상 사람들은 게을러서 왔다갔다하고 배회할 뿐, 선을 행하거나 몸을 다스리거나 일을 잘 하지 않기 때문에 가족과 권속들이 굶주리고 추위에 떨고 가난 속에서 고생을 하느니라. 그런데도 부모가 가르치면 눈을 부릅뜨고 화를 내면서 대들고, 거칠게 반항을 하면서 거역을 하고 원수처럼 대하니, 이런 자식은 없는 것만 못하느니라.

그리고 남들과 주고받을 때도 절도가 없기 때문에 모두들 꺼리고 싫어하며, 은혜를 입고도 보답을 하지 않기 때문에 다시 가난하고 궁핍하여지면 누구도 은혜를 베풀지 않느니라.

이러한 사람의 대부분은 제멋대로 남의 것을 빼앗아 방자하게 놀면서 탕진을 하고, 남의 것을 쉽게 얻는 데 익숙하여져서, 그것으로 생계를 지탱하려 하느니라.

그리고 술에 빠지고 맛있는 음식을 탐할 뿐, 먹고 마시는 데 절제를 하지 못하여 방탕하게 살아가며, 어리석고 둔하여 남과 곧잘 다투고, 다른 이의 사정도 모르면서 우격다짐으로 억누르려고만 하느니라.

또 다른 이가 착한 일을 하는 것을 보면 미워하고 질투하며, 의리도 없고 예의도 없고 반성할 줄도 모르며, 남의 말은 듣지 않고 자기만이 정당하다고 여기니, 충고를 하거나 깨우쳐 줄 수조차 없느니라.

그리고 가족과 집안에 무엇이 필요한지를 조금도 생각하지 않으며, 부모의 은혜도 모르고, 스승과 벗에 대한 의리도 없느니라. 마음으로는 악한 짓만을 생각하고, 입으로는 악한 말만을 하며, 몸으로는 악한 짓만을 행하여, 한 번도 착하게 지낸 적이 없느니라.

그는 옛 성인과 부처님의 가르침을 믿지 않으며, 도를 닦아 해탈할 수 있음을 믿지 않으며, 죽은 뒤에 영혼[神明]이 다시 태어난다는 것을 믿지 않으며, 착한 일을 하면 좋은 과보를 얻고 악한 짓을 하면 나쁜 과보를 얻는다는 것을 믿지 않느니라.

심지어 진인[真人]을 죽이거나 화합[和合] 승가를 분열시키려 하고 부모·형제·가족을 해치려고 하니, 모두가 그를 증오하여 차라리 죽었으면 하느니라.

세상 사람들의 생각이 이러한데도 어리석고 우매한 그는 스스로를 지혜롭다고 여기느니라. 그러므로 인생이 어디로부터 와서 태어나고 죽으면 어디로 가는지를 알려고 하지 않고, 어질거나 순종하거나 천지의 도리를 따르려고 하지 않느니라. 오직 요행을 바라고 오래 살기를 바라지만 어찌 죽지 않겠느냐.

사람들이 자비로운 마음으로 가르치고 타일러서 착한 일을 생각하게 하고 생사와 선악의 도리를 일러 주어도 그는 믿으려 하지 않나니, 마음을 굳게 잠그고 있어 도저히 이해를 시킬 수가 없느니라.

마침내 목숨이 다하려 할 때서야 후회와 두려움이 번갈아 엄습하지만, 일찍이 닦은 선행이 없기 때문에 마지막에 후회를 한들 어찌 되돌릴 수 있겠느냐. 천지 사이에는 지옥·아귀·축생·인간·천상의 오도(五道)가 분명히 있고, 그곳은 참으로 넓고 깊고 미묘하니라.

선과 악을 지으면 그 과보로 복과 재앙이 따르고, 자신이 지은 업은 자신이 받게 될 뿐 어느 누구도 대신하지 못하느니라. 내가 지은 허물이 내 목숨을 좇아다니는 것은 자연의 이치이니, 그것은 결코 벗어날 수 없느니라.

착한 사람은 좋은 일을 행하여 안락한 곳에

서 더욱 안락한 세계로 나아가고 지혜가 더욱 밝아지지만, 악한 사람은 나쁜 짓을 저질러 괴로운 곳에서 더욱 괴로운 세계로 빠져들고 어두움이 더욱 심해지느니라.

그런데 누가 이 이치를 능히 아는가? 오직 부처님만이 모두 알 뿐이므로 이 가르침을 설하여 주지만, 이를 믿는 이가 드물어 생사윤회가 쉼이 없고 악도와의 인연을 끊지 못하는 중생의 무리가 무궁무진하니라.

그들은 자연히 삼악도에 떨어져서 한량없는 괴로움과 번뇌를 겪게 되고, 여러 겁 동안 악도를 윤회하되 벗어날 기약조차 없는데, 그 고통만은 다 말할 수가 없느니라.

이것이 다섯번째 대악大惡이요 다섯번째 통痛이요 다섯번째 소燒이니, 힘겹고 고통스러움을 비유하자면 큰 불길이 사람의 몸을 태우는 것과 같으니라.

그러나 이러한 가운데서도 일심으로 삿된

생각을 억누르고 몸과 행동을 바르게 하여 선한 일을 하고 악한 짓을 하지 않게 되면 능히 악도를 벗어날 뿐 아니라, 그 복덕으로 해탈을 하거나 천상에 태어나거나 열반의 도를 성취하게 되나니, 이것을 다섯번째 대선(大善)이라고 하느니라."

악을 막고 선을 닦아라

부처님께서 미륵보살에게 이르셨다.

"내가 너희에게 말한 것이 이 세상에 가득한 오악(五惡)과, 그 죄악 때문에 받게 되는 오통(五痛)(현세의 고통)과 오소(五燒)이니, 이러한 죄악과 과보는 서로가 원인이 되고 결과가 되어 계속 생겨나느니라. 그러므로 악한 짓만 하고 선을 닦지 않으면 자연히 삼악도에 떨어지게 되노라.

때로는 지금 세상에서 먼저 재앙을 당하거나, 병에 걸려서 죽고 싶어도 죽을 수 없고 살기를 구하여도 살 수가 없게 되어, 자신이 지은 죄악의 과보를 대중들에게 보여주게 되느니라. 그러다가 몸이 죽으면 업에 따라 삼악도에 떨어져서 한량없는 고통을 받으며 스스로의 몸을 불태우느니라.

또 서로가 저지른 잘못이 오랜 세월을 지나면 원결怨結로 바뀌나니, 처음 작은 것에서 시작하여 마침내는 크나큰 악大惡을 이루게 되느니라.

이 모두는 재물과 애욕에 탐착하여 베풀지 못하는 데서 온 것이요, 어리석은 욕망을 따라 자기 마음에 맞게 생각하여 번뇌에 결박되어버린 데서 온 것이요 자신의 이익을 위해 남과 다투기만 할 뿐 반성할 줄 모르는 데서 온 것이니라.

부귀영화를 누리는 그때는 즐겁다. 그러나 절제를 모르고 즐기기만 하고 선한 일을 하지 않게 되면 그 위세가 얼마 지나지 않아 없어지느니라. 그때가 되면 자기 한 몸으로 온갖 괴로움을 감당해야 하며, 내생에는 더 큰 비극을 맞이하게 되느니라.

천지의 도(道)는 미치지 않는 곳이 없다. 그러므로 지은 업이 저절로 다 드러나고 죄업에 대한 형벌이 펼쳐진 그물처럼 서로 응하여, 홀로 당황하고 두려움에 떨면서 그 속으로 빠져 들어갈 뿐이니라.

예전이나 지금이나 이는 조금도 다르지 않으니, 참으로 애처롭고 가엾을 뿐이로다."

부처님께서 미륵보살에게 이르셨다.

"세상이란 이와 같은 곳이다. 부처님들께서는 이를 가엾이 여겨, 위신력으로 온갖 악을 꺾어 없애고 선으로 나아가게 하느니라. 누구든지 악을 범하려는 생각을 버리고 경전과 계율을 받들어 지니면서, 도(道)와 법을 닦아 어긋나거나 잃어버리지 않게 되면, 마침내 생사고해를 벗어나 열반의 길을 얻게 되느니라."

부처님께서 이르셨다.

"너희 천신과 인간과 후세의 사람들은 내가 지금 말한 법문을 깊이 사유하여 이 가르침대로 마음을 단정히 하고 행동을 바르게 하며, 윗사람은 선행으로써 아랫사람을 통솔하고 교화하고 가르침을 전하도록 하라.

그리고 각자가 바른 도를 지키면서 성인을 존중하고, 선한 이를 공경하고, 인자한 마음으로 널리 사랑을 베풀고, 부처님의 가르침을 감히 어기거나 비방하지 말지니라.

또한 생사를 벗어나 해탈할 것을 발원하고 모든 악의 근본을 뿌리 뽑아서, 마땅히 삼악도의 한량없는 근심과 두려움과 괴로움을 떠나야 하느니라.

너희는 공덕의 근본인 육바라밀六波羅蜜을 널리 실천할지니, 보시로 은혜를 베풀고 계행으로 도를 지키고 인욕과 정진과 선정과 지혜로써 더욱더 교화하고 공덕을 짓고 선을 쌓아야 하느니라.

너희가 이 세상에서 바른 마음과 바른 생각으로 하루 밤낮 동안이라도 청정하게 계행을 지키면 극락정토에서 백 년 동안 선을 행하는 것보다 더 나으니라. 그 까닭이 무엇인가? 저 극락에는 악이 털끝만큼도 없어 저절로 온갖 선이 쌓을 수 있기 때문이니라.

또 이 세상에서 선한 일을 열흘 밤낮으로 닦으면 다른 모든 불국토에서 천 년 동안 선을 행하는 것보다도 더 나으니라. 그 까닭이 무엇인가? 다른 불국토에는 선한 일을 행하는 이가 많고 악을 짓는 이가 적어서 복덕이 저절로 모이고 악을 지을 일이 없기 때문이요, 오직 이 세상만 죄악이 많고 복덕이 저절로 생겨나지 않기 때문이니라.

욕심을 부려서 서로를 속이고 해치면 마음의 수고로움과 몸의 고달픔이 아주 쓴 것을 마시고 독약을 먹는 것과 같으니라.

이와 같이 늘 바쁘고 괴롭기만 할 뿐 잠시도 편안하게 쉴 겨를이 없으니, 내가 너희 천신과 인간들을 가엾게 여겨 간곡히 타이르고 가르쳐서 선을 닦게 하고, 그릇(器)에 맞게 가르침을 주어 인도하는 것이니, 받들어 행하도록 하라. 원하는 바를 따라 깨달음을 얻게 될 것이니라.

그리고 내가 가는 나라와 도시와 마을은 교화를 입지 않은 곳이 없나니, 천하는 화평하고 해와 달은 청명하고 바람과 비는 적절하고 재난과 전염병을 발생하지 않으며, 나라는 풍요롭고 백성은 편안하고 병사와 무기는 소용이 없으니, 덕을 숭상하고 인자한 마음을 가지고 부지런히 예절과 겸양의 도를 닦을지니라."

부처님께서 이르셨다.
"너희 천신과 인간들을 불쌍히 여기고 연민

하는 것이 부모가 자식을 생각하는 것보다 더 지극한 내가, 지금은 이 세간에서 부처를 이루어 다섯 가지 악[五惡]을 항복 받고 다섯 가지 고통[五痛]을 없애고 다섯 가지 불길[五燒]을 꺼 버리고, 선으로써 악을 다스려 생사의 괴로움을 뽑아 내고 다섯 가지 덕[五德]을 얻게 하여 무위[無爲]의 편안함을 누리게 하고 있느니라.

그러나 내가 이 세상을 떠난 뒤 경전의 가르침이 점점 사라지게 되면, 사람들은 다시 아첨하고 속이면서 온갖 악을 행할 것이니, 다섯 가지 고통과 다섯 가지 불길은 이전과 같아지고 세월이 지날수록 극도로 심해질 것이니라.

이는 낱낱이 다 설할 수가 없어, 너희를 위해 간략하게만 이야기하노라."

부처님께서 미륵보살에게 이르셨다.

"너희는 각자 이를 잘 생각하여 서로서로 가르쳐 주고 깨우쳐 주면서, 부처님의 경법[經法]에 따라 어김 없이 행할지어다."

이에 미륵보살이 합장을 하고 아뢰었다.

"부처님께서 설하신 바는 참으로 거룩하며, 세간의 사람들 또한 설하신 바와 조금도 다르지 않나이다. 부처님께서 널리 자비를 베풀고 불쌍히 여겨 모두를 고해에서 벗어나게 하시거늘, 어찌 부처님의 간곡한 가르침을 감히 어기겠나이까?"

제5장 부처님의 지혜

아난의 아미타불 친견

부처님께서 아난에게 이르셨다.

"아난아, 너는 일어나서 법의(法衣)를 단정히 하고, 아미타불께 공경 다해 합장하고 절을 하여라. 시방 불국토의 부처님들은 언제나 저 부처님의 집착 없고 걸림 없음(無着無碍)에 대해 찬탄을 하시느니라."

이에 아난이 일어나서 법의를 정돈하고 몸을 바르게 하여, 아미타불이 계신 서쪽을 향해 정성껏 오체투지하(五體投地)의 절을 한 다음 아뢰었다.

"세존이시여 저 아미타불의 안락한 국토와 보살과 성문 대중들을 뵈올 수 있게 하여주옵소서."

이 말이 끝나자 아미타불께서 대광명을 놓

아 모든 부처님 세계를 널리 비추셨다. 그러자 금강철위산·수미산 등의 크고 작은 산들과 모든 것이 한 가지 색으로 바뀌었다.

마치 세계의 종말에 나타나는 홍수[劫水]가 만물을 집어삼켜 굽이쳐 흐를 때 엄청난 물만이 보이는 것과 같이, 성문과 보살들의 광명은 모두 가려지고 오직 부처님의 광명만 환하게 빛나고 있는 것을 볼 수 있었다.

그때 아난이 아미타불을 우러러 뵈오니, 그 부처님의 위신력과 덕망은 수미산이 온 세계에서 가장 높이 솟아 있는 것과 같았으며, 부처님의 상호에서 발하는 광명은 비치지 않는 곳이 없었다.

그리고 이 법회에 모인 사부대중[四部大衆] 모두가 일시에 그 광경을 보았으며, 저 극락에서 이곳을 보는 것도 그와 같았다.

태생胎生과 화생化生의 극락왕생

그때 부처님께서 아난과 자씨보살慈氏菩薩(미륵보살)에게 이르셨다.

"너희는 저 국토를 볼 때 이 지상에서부터 가장 높은 하늘인 정거천淨居天 사이에 있는 미묘하고 장엄하고 청정한 자연과 만물들을 모두 다 보았느냐?"

아난이 답하였다.

"예, 보았나이다."

"너희는 아미타불께서 모든 세계의 중생을 교화하는 큰 음성을 들었느냐?"

아난이 답하였다.

"예, 들었나이다."

"저 극락의 사람들이 백천 유순이나 되는 칠보 궁전을 타고 아무런 장애 없이 시방세계를 두루 다니며 부처님들께 공양을 올리는 것을 너희는 보았느냐?"

"이미 보았나이다."

"저 국토의 사람들 중에는 태생(胎生)(어머니의 태를 빌려서 태어남)이 있는데 너희는 보았느냐?"

"이미 보았나이다. 태생인 이들이 머무는 궁전은 1백 유순에서 5백 유순에 이르는데, 그 가운데서 즐거움을 누리는 것이 도리천(忉利天)의 천인들이 저절로 누리게 되는 즐거움과 같았나이다."

이때 자씨보살(미륵보살)이 부처님께 여쭈었다.

"세존이시여, 무슨 인연(因緣)으로 인해 극락에 사는 이들에게 태생(胎生)과 화생(化生)(태에 의지하지 않고 홀연히 가서 나는 존재)의 구별이 있게 되었나이까?"

부처님께서 자씨보살에게 이르셨다.

"마음에 의혹을 품고 여러 가지 공덕을 닦아 극락에 태어나기를 원하는 중생들 중에서는 부처님의 지혜(佛智), 불가사의한 지혜(不思議智), 무엇이라 칭할 수 없는 지혜(不可稱智), 대승의 넓은 지혜(大乘廣智), 무엇과도 비교할 수 없는 가

장 빼어난 지혜[無等無倫最上勝智]를 알지 못하는
이들이 있다.

그들은 이 다섯 가지 지혜를 의심하여 믿지
않지만, 죄와 복에 대한 인간의 도리를 믿고
선을 닦아 그 국토에 태어나기를 서원하느니
라. 이러한 중생들은 저 칠보 궁전에 태어나 5
백 세가 될 때까지 부처님을 친견하지 못하고,
법문을 듣지 못하고, 보살과 성문 등의 거룩한
이들을 보지 못하나니, 저 국토에서는 그들을
일러 태생(胎生)이라고 하느니라.

그리고 다섯 가지 지혜를 분명히 믿고 여러
가지 공덕을 지어 극락왕생에 회향을 하는 중
생은 칠보로 된 연꽃 가운데에 저절로 화생(化生)하
여, 가부좌를 하고 앉아 잠깐 사이에 몸의 상(相)
호(好)와 광명(光明)과 지혜(智慧)와 공덕(功德)을 다른 보살들과 똑
같이 갖추게 되느니라.

미륵아, 다른 불국토에 있는 대보살들이 발

심을 하여 극락의 아미타불과 여러 보살과 성
문 대중들을 친견하고 공경 다해 공양을 올리
면, 그 보살들은 목숨을 마치는 즉시 극락의
칠보 연꽃 속에 화생하게 되느니라.

미륵아, 마땅히 알아라. 화생을 하는 이는
지혜가 뛰어나기 때문이요, 태생을 하는 이는
지혜가 없기 때문이니, 태생을 하는 이는 5백
세를 지나도록 부처님을 뵙지 못하고 법문을
듣지 못하고 보살과 성문들도 만나지 못하느
니라. 그러므로 부처님께 공양을 할 수도 없고
보살의 수행법을 알지 못하여 공덕을 쌓을 수
도 없느니라.

마땅히 알아라. 그는 과거 세상에서 지혜를
닦지 않고 의혹 속에 빠져 있었기 때문이니라.”

부처님께서 미륵보살에게 이르셨다.
“비유를 들리라. 전륜성왕(轉輪聖王)이 칠보 궁전을 지
어 여러 가지로 아름답게 치장을 하고 자리를

깔고 휘장을 치고 깃발들을 걸어 놓았는데, 왕에게 죄를 지은 왕자들이 있으면 이 궁전 속에 가두어 황금의 사슬로 묶어 놓느니라. 그러나 음식·의복·침상·이불과 꽃·향·음악 등은 전륜성왕의 것과 똑같이 하여 조금도 모자람이 없느니라. 미륵아, 네 생각은 어떠하냐? 그 왕자들이 과연 그곳을 즐거워하겠느냐?"

미륵보살이 답하였다.

"아니옵니다. 그들은 무슨 방편을 써서라도 힘이 센 장사를 구하여 그곳을 벗어나려 할 것이옵니다."

부처님께서 미륵보살에게 이르셨다.

"저 중생들도 그와 같나니, 부처님의 지혜를 의심한 까닭에 저 변두리 칠보 궁전에 태어나서 벌을 받지도 않고 악한 일을 저지르지도 않지만, 5백 세 동안 삼보를 친견할 수도, 공양을 올릴 수도, 여러 가지 선을 닦을 수도 없느니라. 그것은 큰 괴로움이니, 비록 다른 즐거움이 있을지라도 오히려 그곳에 있는 것을 좋지가 않느니라.

만약 이 중생이 자기의 본래 죄를 깨닫고 깊이 참회하고 자책하면서 그곳을 떠나기를 원한다면 바로 뜻을 이루게 되나니, 아미타불이 계신 곳으로 나아가 공경하고 공양할 뿐 아니라, 한량없는 부처님들이 계신 곳을 두루 다니면서 온갖 공덕을 쌓을 수 있느니라.

미륵아, 마땅히 알아라. 어떤 보살이 부처님의 지혜를 의심하게 되면 큰 이익을 잃게 되나니, 마땅히 부처님들의 위없는 무상지혜(無上智慧)를 분명히 믿어야 하느니라.”

타방(他方) 보살의 극락왕생

미륵보살이 부처님께 여쭈었다.
“세존이시여, 이 세계에서 불퇴전(不退轉)의 경지에 오른 보살들은 얼마나 되며, 그들 중 극락에 왕생하는 이는 얼마나 되옵니까?"

부처님께서 미륵보살에게 이르셨다.

"이 세계에는 67억의 불퇴전 보살이 있다. 그
不退轉 菩薩
들이 모두 극락정토에 왕생을 하느니라. 한 보
살, 한 보살이 이미 수없이 많은 부처님들을
공양하였나니, 그 높은 공덕은 그대와 버금가
느니라.

또한 수행이 모자라거나 공덕이 적은 보살
도 헤아릴 수 없을 정도로 많은데, 그들도 모
두 극락정토에 왕생을 하게 되느니라."

부처님께서 미륵에게 이르셨다.

"그러나 나의 국토에 있는 여러 보살들만이
극락에 왕생하는 것은 아니라, 타방 불국토의
보살들도 다 왕생하느니라.

첫 번째 부처님의 이름은 원조불이니, 그곳
遠照佛
의 180억 보살들이 모두 왕생하노라.

두 번째 부처님의 이름은 보장불(寶藏佛)이니, 그곳의 그곳에 있는 90억 보살들이 모두 왕생하노라.

세 번째 부처님의 이름은 무량음불(無量音佛)이니, 그곳의 220억 보살들이 모두 왕생하노라.

네 번째 부처님의 이름은 감로미불(甘露味佛)이니, 그곳의 250억 보살들이 모두 왕생하노라.

다섯 번째 부처님의 이름은 용승불(龍勝佛)이니, 그곳의 14억 보살들이 모두 왕생하노라.

여섯 번째 부처님의 이름은 승력불(勝力佛)이니, 그곳의 1만 4천 보살들이 모두 왕생하노라.

일곱 번째 부처님의 이름은 사자불(師子佛)이니, 그곳의 5백 억 보살들이 모두 왕생하노라.

여덟 번째 부처님의 이름은 이구광불(離垢光佛)이니, 그곳의 80억 보살들이 모두 왕생하노라.

아홉 번째 부처님의 이름은 덕수불(德首佛)이니, 그곳의 60억 보살들이 모두 왕생하노라.

열 번째 부처님의 이름은 묘덕산불(妙德山佛)이니, 그

곳의 60억 보살들이 모두 왕생하노라.

열한 번째 부처님의 이름은 인왕불^{人王佛}이니, 그곳의 10억 보살들이 모두 왕생하노라.

열두 번째 부처님의 이름은 무상화불^{無上華佛}이니, 그곳의 헤아릴 수 없이 많은 보살 대중 모두는 불퇴전^{不退轉}의 지위에 있고 지혜를 갖추었고 용맹스러우며 일찍이 한량없이 많은 부처님을 공양하였기에, 불과 7일만에 다른 보살들이 백천억 겁 동안 닦아야 얻을 수 있는 견고한 법을 갖추어 모두 왕생하노라.

열세 번째 부처님의 이름은 무외불^{無畏佛}이니, 그곳의 790억의 대승 보살들과 작은 공덕을 지은 보살들과 비구들이 헤아릴 수 없이 많은데, 그들 모두가 왕생하노라."

부처님께서 미륵보살에게 이르셨다.

"나의 불국토를 포함한 열넷 불국토에 있는 보살들만 왕생하는 것이 아니라, 시방의 한량없는 불국토에서 왕생하는 이들도 매우 많아서 헤아릴 수조차 없느니라.

　내가 시방세계 부처님들의 명호(名號)와 그 국토에서 극락세계에 왕생하는 보살들과 비구들의 수를 밤낮 없이 헤아리는데도 1겁으로는 다 마칠 수 없지만, 지금 너희를 위해 간략하게 말한 것이니라."

유통분 流通分

부처님께서 미륵보살에게 이르셨다.

"지금 저 아미타불의 명호를 듣고 뛸 듯이 기뻐하거나 한 번만이라도 염(念)한다면, 마땅히 알아라. 그 사람은 큰 이익을 얻게 되나니, 곧바로 위없는 공덕을 갖추게 되느니라.

그러므로 미륵아, 설혹 큰불이 삼천대천세계에 가득하다 할지라도 반드시 그 불을 뚫고 지나가서, 이 경의 가르침을 듣고 환희심을 내어, 믿고 지니고 독송하고 가르침대로 수행을 해야 하느니라.

왜냐하면 이 경전은 수많은 보살들이 듣고자 하여도 들을 수 없는 귀중한 가르침이 있

기 때문이니라. 만약 어떤 중생이 이 경전의 가
르침을 듣게 되면, 위없는 도에서 끝내 물러나
지 않게 되나니, 너희는 반드시 한마음으로 믿
고 지니고 독송하고 가르침대로 수행할지니
라."

부처님께서 이르셨다.
"내 이제 중생들을 위해 이 경을 설하여 아
미타불과 극락의 모든 것에 대해 알 수 있게
하였으니, 너희는 마땅히 극락에 왕생하기를
구하여야 하며, 내가 열반에 든 뒤에 다시 의
혹을 품어서는 안 되느니라.
먼 미래에 이 세상에서 불법이 없어진다 할
지라도, 나는 중생들을 가엾게 여겨 자비로써
이 경전만은 백 년 동안 더 머물게 할 것이며,
이 경전을 만나는 중생은 그들이 원하는 바를
모두 얻을 것이니라."

부처님께서 미륵보살에게 이르셨다.

"여래가 이 세상에 출현할 때를 만나기 어렵고, 모든 부처님들의 가르침을 얻기 어렵고, 설법을 듣기 어렵고, 보살의 뛰어난 바라밀법(波羅蜜法)을 듣기 어렵고, 선지식(善知識)을 만나 법을 듣고 능히 수행하는 것도 어렵지만, 이 경전을 듣고 믿고 기뻐하고 받아 지니기는 더욱 어렵나니, 이보다 더 어려운 일은 결코 없느니라.

그러므로 나의 법문을 이와 같이 짓고(如是作), 이와 같이 말하고(如是說), 이와 같이 가르치는 것이니(如是敎), 마땅히 믿고 의지하고 가르침대로 행할지니라."

세존께서 이 경을 설하여 마치자 헤아릴 수 없이 많은 중생들이 가장 높은 정각을 이루겠다는 마음을 발하였다.

그 가운데 1만 2천 나유타의 무리는 청정한 법안(法眼)을 얻었고, 22억의 천신과 인간들은 아나(阿那)

함과를 얻었으며, 80만의 비구들은 번뇌를 모두 끊는 누진통을 얻었고, 40억 보살들은 불퇴전의 경지를 얻었으니, 모두가 큰 서원을 세운 공덕으로 스스로를 장엄하여 장차 다가오는 세상에서 마땅히 정각을 이루게 되는 이들이었다.

그때 삼천대천세계가 여섯 가지로 진동하고 큰 광명이 시방의 불국토를 두루 비추었으며, 백천 가지 음악이 저절로 울려 퍼지고 무수히 많은 아름다운 꽃들이 비오듯이 흩날렸다.

부처님께서 이『무량수경』을 설하여 마치자, 미륵보살과 시방에서 온 보살과, 장로 아난을 비롯한 성문 등의 대중 모두가 부처님의 설법을 듣고 크게 환희하지 않는 이가 없었다.

〈불설무량수경 하권〉 끝

역자 김현준 金鉉埈

　동국대학교 대학원에서 불교학을 전공하고, 한국학중앙연구원에서 한국불교를 연구하였으며, 우리문화연구원 원장, 성보문화재연구원 원장을 역임하였다. 현재 불교신행연구원 원장, 월간 「법공양」 발행인 겸 편집인, 효림출판사와 새벽숲출판사의 주필 및 고문으로 활동하고 있다.

　저서로는 『참회와 사랑의 기도법』·『기도성취 백팔문답』·『광명진언 기도법』·『신묘장구대다라니 기도법』·『참회·참회기도법』·『불자의 자녀사랑 기도법』·『미타신앙·미타기도법』·『관음신앙·관음기도법』·『지장신앙·지장기도법』·『화엄경 약찬게 풀이』·『생활 속의 반야심경』·『생활 속의 천수경』·『생활 속의 보왕삼매론』·『사찰, 그 속에 깃든 의미』·『예불문, 그 속에 깃든 의미』·『육바라밀』·『사성제와 팔정도』·『삼법인·중도』·『인연법』·『자비실천의 길 사섭법』 등 30여 종이 있으며, 번역서로는 『법화경』·『유마경』·『승만경』·『지장경』·『육조단경』·『약사경』·『보현행원품』·『자비도량참법』·『선가귀감』 등이 있다.

무량수경

초　판　1쇄 펴낸날　2021년　12월　10일
　　　　3쇄 펴낸날　2023년　3월　13일

옮긴이　김현준
펴낸이　김연지
펴낸곳　효림출판사
등록일　1992년 1월 13일 (제 2-1305호)
주　소　서울특별시 서초구 반포대로14길 30, 907호 (서초동, 센츄리I)
전　화　02-582-6612, 587-6612
팩　스　02-586-9078
이메일　hyorim@nate.com

값 7,000원

ⓒ 효림출판사 2021
ISBN　979-11-87508-68-7　(03220)